大夏书系·教育经典

我的教育信条

[美]杜威 著
罗德红 杨小微 编译

华东师范大学出版社
全国百佳图书出版单位

目 录

前言　教师要有坚定教育信条

第一部分　教育心理

与意志训练有关的兴趣	003
学校课程的心理学维度	047
《教育的心理学基础》	061
想象力与表达	076
教育中的审美因素	087

My Pedagogic Creed

第二部分　教育哲学

091	我的教育信条
104	对儿童研究的解释
117	文化纪元论的阐释
125	应用于教育的儿童研究结论
128	对当代儿童研究的明智和非明智的批评
131	高中对于教育方法的影响
143	初等教育的迷信

My Pedagogic Creed

第三部分　教育实验

实验学校的需要	165
大学的附属学校	168
大学附属小学的组织计划	175
一次教育学的实验	199
作为一门大学学科的教育学	203
委员会就初等教育详细计划的答复报告	213

前言　教师要有坚定的教育信条

在我国第31个教师节即将来临之际，我们向广大教师读者奉上这本《我的教育信条》，杜威是我国教育理论界和实践领域广为人知的美国学者，其哲学思想和教育理念对中国教育学研究和大中小学实践都产生了持续的影响。

本书共分为三个板块：第一部分为"教育心理"，主要涉及"兴趣与努力""想象与表达""审美"等内容，澄清了人们对这些心理现象的误解及对相关概念的误用，在我国当下教育改革十分强调学生立场的时候，作者的这些辨析与忠告显得特别具有现实意义；第二部分是"教育哲学"，入选的最重要篇章是《我的教育信条》，作者提出的关于教育的最为基本的信念，都在他后来的集大成式著作——《民主主义与教育》一书中得以充分地阐发与延伸，正因为它的重要，我们将其篇名作为本书的书名。这一部分，还收录了作者关于儿童研究的其他一些学术思想观念；第三部分是"教育实验"，杜威任职于芝加哥大学期间所进行的学校实验，既是他学术思想的本土试验，又是他后来教育思想的重要生成源，其意义绝不能低估，从作者关于在初等教育阶段进行教育实验的设想与计划中，不难体味到这位先驱的良苦用心。

细读本书，你常常会惊叹于作者的远见卓识和目光锐利，这里略举一二。例如："在西方，大学依赖于高中，大学根据高中的独立意志进行调整；而东方的大学与预备学校的关系是，后者不得不、几乎是盲目地跟随着大学。"(《高中对于教育方法的影响》pp.133—134)作为历史悠久的东方国家，应试教育对中小学的负面影响在中国恐怕是愈演愈烈。再如："随着条件的变化，阅读和写作不再是获取知识的唯一工具""阅读教学专注于语言的形式有悖儿童生理和心理发展水平""阅读教学方法错误的本质是远离儿童的心理需求"(《初等教育的迷信》pp.149—167)……我国今天的语文教学，同样是在升学率的导向之下专注于形式的复杂而与学生的心理需求和真实的日常生活渐行渐远。

在语言表述上，一般认为杜威的学术语言是比较佶屈聱牙的，然而阅读本书你会看到他语言风格生动活泼的另一面。在论述过程中，作者的表达方式经常是论辩式的，总是针对一些学者的观点展开争辩，虽指名道姓地批判，却又不失礼貌，很值得今天的学者仿效和学习。尤其在本书的第一篇《与意志训练有关的兴趣》中，作者将兴趣对抗努力，比喻为一场教育诉讼，双方在"法庭"上展开辩论，各自据理陈词，"法官"根据各自信条进行梳理分析，做出"裁决"……这种表述方式怎么读都觉得形象生动。

泰戈尔说："埋在地下的树根使树枝产生果实，却并不要求什么报酬。"原理式的著作正如那树根，也许并不能直接告诉你解决实际问题的一招一式，却能向你源源不断地输入深厚的精神力量。愿杜威的教育信条能转换为我们能长久坚持的教育信念和不断增长的教育智慧，并鼓舞我们用心体验中国教育改革的漫漫征程！

杨小微

第一部分

教育心理

兴趣是通过具体的活动满足我们的冲动,并反思这种冲动的价值

目的是兴趣的方向,是兴趣活动的助推器和总设计师

康德和赫尔巴特关于欲望和意志的理论

与教师和儿童有关的兴趣

研究心理能力成长的方法应该是发生心理学

与意志训练有关的兴趣[1]

引 言

像哲学一样,把任何一个教育话题孤立起来讨论,具有相同的困难。这些话题是如此相互依赖,以至于只有冒着忽视某些重要结论的风险才能挑选其中的一个进行讨论,或者冒忽视问题实质之大不韪,假借其他主题引入讨论中的那个问题。然而,在一定的空间和时间的限度内,要求我们进入其中的某个领域,并充分地进行讨论。在这种情况下,我们所能做的就是追求一种方法,它至少能注意到这些问题,表明所讨论的问题与相关话题有关。在兴趣的讨论过程中,困难显得特别巨大。一方面,兴趣与情感生活的关系最密切;另一方面,由于兴趣与注意即使谈不上是同一的话,关系也非常密切,故而兴趣与理智生活也有着紧密的关系。由此,如果要对此作适当解释的话,需要完备的情感和认知心理学的发展,分析它们彼此的关系、它们与意志之间的联

---

[1] 本文首次发表于《全国赫尔巴特协会首次年鉴的第二增补版》(伊利诺伊州,布鲁明顿:派特格拉夫,1896年),第209—246页;修订和重版本(芝加哥:芝加哥大学出版社,1899年),第40页。参见文本出版历史的注释。

系或它们之间所缺乏的联系。

因此，我只希望能提出对我来说似乎是突出的观点，如果这样的结果不能博得大家的同意，至少能帮助大家为进一步的讨论确定问题。

如果期待大家同意任何一个教育原则，也许是过于乐观了；但是，从教育方面开始讨论，也许更有希望达成有效的意见。如果我们能够拟定一些有关兴趣在学校中的地位和功能的基本原则，就能在某种确定性的基础上进一步对兴趣作心理学的分析。无论怎样，我们要限制和固定讨论的领域，这样才能使心理学讨论得以继续下去。然后，针对历史上的和当今的有关兴趣问题的研究关注点，对其主要的假设作进一步探讨。最后，我们将带着达成的心理学观点和批评的建议回到教育问题中来，更加明确地强调道德训练的问题。

1. 兴趣与努力——一场教育诉讼

初看起来，想要对教育方面有关兴趣的问题取得共识，好像是不可能的。首先使我们备受打击的，是目前教育理念和标准中的兴趣理论部分所存在的深刻矛盾。一方面，我们有这样的原理：兴趣是教学和道德训练的主旨。教师最基本的问题是使所呈现的教学材料变得有趣，从而赢得和保持儿童的注意。另一方面，我们断言，从兴趣中生出努力是有教育意义的；我们还断言，依赖兴趣的原则在智力上会使学生分心，在道德上会使他们变得虚弱。

这场兴趣对抗努力的教育诉讼，使我们要对原告和被告的信条作分别的考察。代表兴趣"出庭"的一方声称，兴趣是注意力的唯一保证。如果我们在呈现事实和观念的时候能够保证兴趣，就可以十分肯定孩子们将在兴趣的导引下掌握它们；如果我们能在某种道德训练和行为规范中保证学生的兴趣，同样可以放心地假定孩子们的活动将沿着那个方向反应；如果我们不能保证兴趣，那么在某种情况下的所为就将没有了保障。事实上，训练方面的信条就尚未成功。认为孩子不情愿地做某件事比他带着极大的兴趣和全身心投入做该事能进行更多的智力或心理训练，是非常荒唐的。简单地说，努力理论认为，勉强注意（unwilling attention）（做某件不愉快的事情，因为它是不愉快的）应该优先于自发注意（spontaneous attention）。

实际上，努力理论产生不了任何结果。当孩子感觉到作业是任务，他就是在强迫之下才去做的。如果来自外部的压力减少到最低程度，我们发现，孩子的注意力马上转移到他所感兴趣的事情上。在努力理论基础上培养起来的孩子，似乎是在一个了无趣味的主题中简单地获取一些熟练的技能，而他的思想和精力的核心其实是被其他东西所占据的。其实，该理论自身就是矛盾的。在没有兴趣的情况下唤起活动，在心理上是一件不可能的事情。努力理论仅仅是用一个兴趣代替另一个兴趣。它用对教师惧怕的不纯粹的兴趣或者对未来奖赏的兴趣，替代了对材料的纯粹的兴趣。这种兴趣特征就是爱默生（Emerson）在他的散文《补偿》（Compensation）中开头提到的。他坚持认为，目前的补偿理论实际上暗含着这样一个意思，即如果你现在作出足够的牺牲，将来你就能好好地享受；如果你现在仅仅是善的话（善蕴含于关注那些不感兴趣的事物），在将来的某个时刻，你将会获得更多愉悦的兴趣——也就是说，那时会很糟糕。

对我们而言，努力理论总是不断地培养着坚强而充满活力的品格，它们被看作是这种教育方法的结果；而实际上，我们却没有培养出这种品格的人。我们看到的，要么是狭隘的、固执的人，除了根据他们自己预想的目的和信念原则，他们顽固而不负责任；要么是个性呆板、机械、迟钝的人，因为自发兴趣原则中的生命之水已经被挤兑殆尽了。

现在我们来看看被告的案例。努力理论认为，生活充满着很多无趣的事情，但我们必须去面对。要求不断地被提出，毫无兴趣特征的情景必须面对。除非个体先前就已经受训能专注于自己不感兴趣的工作，除非他已经养成习惯，处理那些必须处理的事情，不考虑自己是否对其满意，否则的话，当面对生活中更严肃和重要的问题时，个性就会被削弱或者逃避现实。生活非常严肃，不可能是单纯的享受，或者个人的兴趣不断被满足。因此，对未来生活的忧虑，不可避免地要求我们不断地努力完成任务，形成认识到生活艰辛的好习惯。其他事情磨损了人的性情，使人变得淡而无味、毫无光彩；或者会养成道德上的依赖，为了不断满足消遣和娱乐的要求，过分依赖别人。

除了未来的报偿问题，持续地产生吸引力的兴趣原则，甚至在孩提时代就一直被认为是使儿童感到兴奋，也就是说，转移孩子的注意力。活动的整体性被打乱了。什么事情都是游戏和娱乐，这就意味着过度刺激，意味着消耗能量。意志永远不会发挥作用，依靠的只能是外在的吸引和娱乐。每件事对孩子来说都是糖衣，很快，他就学会对身边一切真实的、有趣的事情感到厌恶。这个被宠坏的孩子，只做他自己所喜欢的事情。这是教育中兴趣理论的必然结果。

这个理论在智力和道德方面都是有害的。注意力永远不会转向必要的和重要的事实，只转向具有吸引力的事实外表。如果事实很令人厌恶和乏味，其毫无遮蔽的一面迟早会被面对。提出一些假想的兴趣，不会使孩子比在开始的时候更接近事实。2+2=4是一个明显的事实，它必须被掌握。可以把明显的事实呈现在他的面前，也可以把它和有趣的小鸟或蒲公英的故事放在一起呈现，但是后者并不会比前者让学生掌握得更牢靠。那种假设孩子会对数字关系感兴趣，完全是一种自欺行为。他的注意力集中与否，仅仅在于使人愉悦的映象是否和这个关系相联系。理论就这样达不到自己的目的。还不如一开始就承认我们不得不学习某些很少或几乎没有兴趣的事实来得更明确和直接，承认处理这些事实的唯一方法就是通过努力的力量，通过完全独立于外部诱因的激发活动的内部力量。而且，用这种方法使学生形成对重大事件作出反应的秩序、习惯等，为应对未来生活作好准备。

裁　决

正如大家看到的，我已经试着分别陈述了双方当今的和历史的争论，如柏拉图和亚里士多德的理论。稍作反省就将使人相信，双方辩论中的核心观点既不在于对自己立场的捍卫，也不在于对对方软肋的攻击。每个理论的核心观点与其说在于它的立场，不如说在于它对对方的否定。就所有的外部表现而言，这两种理论的基础是彼此理论的极端对立，而我们就是在这个基础上不知不觉地假设了一个普遍的原则，也就是我刚才阐述的，以片面的形式表达的努力和兴趣理论。这是一个常见的、然而有一点令人惊讶的事实。

同样的假设是：对自我而言，要掌握的观念或者客体是外在的，要达到的目标以及要从事的活动是外在的。正是因为被假设的客体或者目标外在于自我，它就必须使之变得有趣，它就必须被人为的刺激和虚假的注意诱因所包围。同样因为客体存在于自我的范围之外，纯粹的"意志"能力，以及虽然没有兴趣但还必须作出的努力，就不得不为之。兴趣的真正原则，在于承认事实或者主张的活动形式和自我的同一，在于行为人自己生长的方向。因此，如果行为者是他自己的话，该原则的要求就很迫切。假设这种一致性的条件得到保证，我们既不需要诉诸纯粹意志的力量，也不需要忙于让孩子对事情感兴趣。

分散的注意

努力理论就如所陈述的，意味着注意力在智力和道德上实质性的分散和个性的相应瓦解。所谓的努力理论，其最大的荒谬之处在于，它将练习和意志的训练与某些外部活动和外部结果等同起来。该理论假设，因为儿童投身于某些外在的任务，因为儿童成功地展示了被要求的结果，他就真正运用了意志，一定的智力和道德习惯就处于形成的过程之中。但事实上，意志的道德训练不是在任何情况的外部假定中发现的，而且道德习惯的形成不可能被当作那种炫耀其他人所希望的结果的能力。意志的训练一目了然于注意力的方向上，依赖于工作得以继续进行的道德、动机和性情上。

一个孩子可能外在地全身心地学习乘法表，也能够按照老师的要求复述。老师也许会为此自我庆贺一番，因为训练了学生的意志，形成了正确的智力和道德习惯。除非道德习惯与炫耀某种被要求结果的能力是相一致的，否则就不会这样了。直到我们知道孩子内心到底是被什么真正占据了的时候，直到我们知道他投身于任务时的注意、情感、性情的主导方向的时候，道德训练问题才真正被触及。如果对于他来说，任务仅仅是一项任务，那么从心理角度来说，它就和某种行为与反应规则一样确定。从生理角度来说，他正在形成分散的注意力的习惯；他把这些东西保留在记忆中，同时释放自己的心理意象，做自己真正感兴趣的事情。用这种方法，他逐渐形成了一种能力，能够把自己的眼睛和耳朵、唇和嘴专注于呈现在眼前的东西上。

除非认识到我们正在教孩子分散的注意，除非我们正视这种分散的道德价值可能是什么的问题，否则的话，所提供的现行道德训练理由是不充分的。根据趋乐避苦的原则，对所谓任务的外部机械注意，不可避免地与内在随意的思维漫游相关。

孩子的自然力量，以及对实现自我冲动的要求，是无论如何都不可能压制得了的。如果外部的条件使得孩子不能把他的自然力量投入到他要做的工作中，如果他发现在工作中不能表达自己的意思，他就学会了一种很神奇的办法，即集中他的注意去处理所给的外部材料以满足老师的要求，用余下的心智力量追随对他有吸引力的意象。我没有说，在形成这些外部注意的过程中没有任何道德训练；但我确实说了，道德重要性问题涉及内部缺乏注意力的习惯的形成。

因为被点到名的孩子能够按照要求复述，我们就因此判断孩子已经养成好的训练习惯而庆祝时，我们忘记了怜悯我们自己，因为孩子深层的智力和道德特征完全没有得到训练，反而使他放任自己于一些反复无常的怪念头、瞬间的乱七八糟的联想，或者过去的经历之中。我不明白，人们如何能够否认内部意象的训练至少和外部某种行为习惯的养成同等重要。对我而言，当涉及纯粹的道德问题而不是一个实用方便的问题时，我觉得更加重要了。我也不明白，对大量学校作业完全了解的人，如何能够否认大部分学生正在逐渐养成注意力分散的习惯。如果老师很有技巧并且很灵敏，如果他是所谓的良好训练者，孩子确实将会在某些方面保持注意力集中。但是，他也学会了把构成他自然价值的、成熟的意象导向完全其他的方向。需要面对大多数学生下课后真实的心理特征，并不是一件很愉快的事情。我们将发现这种注意力的分散和由此带来的分裂很严重，我们可能出于纯粹的厌恶而停止教学，尽管如此，对我们来说，我们还要理智地承认，不追问注意的本质，只要求注意的模仿，导致了这个不可避免的结果。

使事物有趣

使客体和观念有趣的原则就和"努力"理论一样，暗示了客体和自我的隔离。当必须使事物有趣的时候，那是因为兴趣本身的欠缺。而且，这种表达本身就是用词不当。客体已经不像它以前那么有趣了。使客体有趣，只是简单地满足孩子趋乐的要求。人们希望，在这种既定的方向下，孩子会兴奋，因为他们相信，出于某种未知的原因，孩子将在兴奋中同化某件事情，否则的话，就排斥它。有两种类型的快乐：一种是活动的附属品。在可以自我表现的地方就可以找到它，这只是对外部能量的内在意识。这种类型的快乐全身心地表现在活动本身中。它不在意识中个别存在。这种快乐存在于合理的兴趣中，它的刺激来自于生物体自身的需要。另外一种快乐来自于交往。它以感受性为特征。它来自于外部的刺激。有了兴趣，就有快乐。这种由外部刺激引起的快乐是孤立的。在意识中，它是作为一种快乐独自存在的，它不是活动的快乐。

当事物被使得有趣的时候，正是后一种快乐进入到游戏之中。它利用了这个事实，即任何器官的一定程度的兴奋是令人快乐的。这种被激发的快乐，被用于填补自我和某些自身不能激发兴趣的事实之间的鸿沟。

精力分散

在此导致的结果也是精力分散。精力分散与不愉快的努力是同时发生的，在这种情况下，也是连续发生的。兴奋和冷漠是交替进行着的，而不像机械的外部活动和随意的内部活动是同时进行的。孩子在活动中交替感受着过度刺激和平淡的阶段。这种现象在所谓的幼儿园中发生着。而且，某种感官的兴奋，如眼睛、耳朵等，其本身也能创造出对这种刺激的不断需求。与味觉一样，对眼睛和耳朵同样可能引起对愉快刺激的渴望。一些幼儿园小朋友依赖于经常呈现的明亮颜色和令人愉快的声音，就好像酒鬼对酒桶的依赖一样。这些恰恰可以用来解释这些孩子的特征，如精力不集中和分散、依赖外部暗示等。

小 结

在尝试更精确的心理分析之前，有关这一点的讨论可以总结如下：教育中真正的兴趣是自我通过行动对某个客体或者观念认同的伴随物，因为客体或观念有维持自我表现的需要。相对于兴趣而言，努力意味着自我与要掌握的事实以及要进行的活动之间的割裂，并且引起了活动的习惯性分散。从外部来说，我们具有不带有任何道德目的和价值的机械习惯；从内部来说，我们具有随意的精力或漫游不定的心灵，充斥着一系列没有目的的观念，因为它们并未专注于行动。相对于努力而言，仅仅意味着给予快乐的一种感官的兴奋，一方面导致紧张，另一方面又导致倦怠。

但是，当我们意识到孩子身上具有某种渴望发展的力量并需要依此行动时，为了让他们获得应当具有的效率和训练，我们应该有一个赖以依靠的坚实的基础。努力通常产生于这些力量充分发挥作用的尝试中，因而，这些力量得到生长和完成。充分地作用于这些冲动就涉及严肃的、专注的和明确的目的，以及在完成有价值的活动中形成的稳定和坚持不懈的习惯。但是，这种努力不会退化为辛苦乏味的苦差事，或者仅仅是用死力瞎忙活，因为兴趣一直存在着——自我自始至终投入其中。

下面我们讨论第二个主要论题，兴趣心理学。从前面的教育讨论中不难发现，我们特别需要获得某些启发，以重新思考兴趣与愿望和快乐、观念和努力之间的关系。

2. 兴趣是通过具体的活动满足我们的冲动，并反思这种冲动的价值

我先来描述一下兴趣。首先，兴趣是有活力的、投射的、有推进力的。我们需要兴趣。对任何事物感兴趣，就是积极地关注和投入其中。单纯地关注某个主题可能是静止和呆滞的，但兴趣是动态的。第二，兴趣是客观存在的。我们说一个人有很多的兴趣去关心和照料。我们讨论人的兴趣范围，他的职业兴趣、局部兴趣，等等。我们将兴趣和关心及其事务视为同一体。兴趣不会像空洞的情感一样自我了断，它总是包含着它所隶属的客体、目标或者目的。第三，兴趣是主观的。它意味内部的自我意识、情

感和价值。兴趣有情绪性的、积极的和客观的一面。哪里有兴趣，哪里就有以情感的方式作出的反应。

这些就是在常识意义上对兴趣术语所界定的许多意义。兴趣的本质意义似乎就是：由于主体认可了某种活动的价值而参与、专注于、或者完全从事于该活动。它的词根是 inter-esse，意思是两者之间，指向同一个方向。兴趣标志人与材料以及行动结果距离的消失，它是使它们产生有机联系的手段。[①]

现在，我们要更具体地讨论以上提及的三种特征。

兴趣的推动特征

兴趣的动力或推动力，使我们重新去思考冲动和活动的自发渴望和倾向。世界上没有绝对弥散的和不偏不倚的冲动，它总是沿着某种特殊的渠道而分化的。冲动有其独特的释放轨道。一头驴夹在两堆干草之间，不知道吃哪边的草。这个古老的难题，大家都再熟悉不过了；但对其根本性的谬误，认识却很不一样。如果自我只是纯粹被动地或者无动于衷地等待外界刺激，那么此假设例子中阐述的自我将永远是无助的，早晚会被饿死。因为它内心谋求在两个食物来源之间保持平衡，而错误恰恰就在于此。

---

① 确实，兴趣这个词也有贬义。谈到兴趣，我们将它与原则对立，就像我们谈到自我兴趣时，将它与只关心个人利益的行为动机对立一样；但这些既不是唯一的，也不是主导的意思。也许应该公正地问问，是否这绝没有窄化或者贬低了该词的合法意思。即使这样，对我而言，许多关于兴趣的道德上的争论的兴起，是因为一部分人在一个公认的价值或者引人入胜的活动的广义的、客观的意义上使用它，而另一部分人在把它等同于自私的动机意义上使用它。

自我总是时刻准备着活动，专心致志于一些紧急的事情。这种进行着的活动总要倾向于某一个方面的。换句话说，驴总是已经朝着某捆草移动了脚步。无论身体上的内斜视眼多么严重，它也不会导致某种精神上的内斜视眼，以至于驴能够接受来自双方的同等的刺激。

在这种原始的自发推动力的活动条件下，我们有天赋兴趣的基础。兴趣和冲动一样，不是被动地等待来自外部的刺激。冲动具有选择性或优先性的特点，我们把它当作下面事实的基础，即在任何既定的时间里，如果我们在精神上很清醒，我们将总是对某一方面感兴趣。完全缺乏兴趣，或者完全不偏不倚地分散的兴趣，在学术伦理上，就像驴的故事一样是虚幻的。

同样大的谬误，是假设在冲动和自我之间存在着某种割裂。冲动似乎被说成了一种力量，它把自我从一个方向震荡到另一个方向；而自我似乎又被描述成一个无动于衷的、被动的东西，等待冲动的力量来推动。在现实中，冲动仅仅是自我在某个方向上的动力或者出口。现在提到这一点，是因为冲动和兴趣之间的联系如此紧密，以至于任何假设冲动外在于自我都是妄推。在这一点上，它稍后肯定会在另一个假设中进行自我证明，该假设是：兴趣具有外在刺激物的特征，它不是自我活动全身心地投入到允许这些活动发挥作用的客体中。

兴趣的客观特征

每一种兴趣正如所说的，其本身附着于一个客体。艺术家对他的画笔、颜料、技术感兴趣，商人对供求感兴趣、对市场运作感兴趣，等等。无论我们选择哪种兴趣进行研究，我们都将发现，如果我们删去兴趣所围绕着的客体，兴趣就消失了，沦落为单纯主观的感觉。

错误产生于假设客体已经存在，然后要求行动。例如，画布、画笔和颜料之所以使艺术家感兴趣，仅仅是因为它们帮助艺术家发现了他已有的艺术天赋。一个车轮和一根线绝对不能产生活动，除非它们激发了已经处于积极状态的本能或冲动，并且提供它以实施活动的手段。当数字12是明显的外在事实时，它没有任何趣味；当它成为使某种萌发的能量或愿望发挥作用的工具时——制作箱子、测量身高等，12就变得令人感兴趣了（陀螺、手推车和火车玩具也是如此）。虽然科学和历史知识的专业术语在程度上与此有所不同，但是准确来说，它们的原则是一样的——任何促进个体心智发展的是必要和内在的兴趣。

兴趣的情绪特征

下面讨论兴趣的情绪特征。兴趣的价值不仅是客观的，也是主观的。也就是说，事物不仅被设计成有价值的，而且也有情感的价值。当然，我们无法定义情感。我们可以说，这纯粹是个人对价值的认识，并且认识到哪里有兴趣，哪里就有内在实现的价值。

由此，兴趣心理学的主旨也许可以作如下陈述：兴趣主要是一种自我表达活动的形式——也就是说，是一种通过使初生的倾向产生作用而获得发展的形式。如果我们从表达内容、从行动方面来考察活动的话，我们可以得到其客观的特征、想法、目标等，它们是兴趣所围绕着和附着的载体。如果我们认为兴趣是自我表达、自我发现、自我反馈，那么在这种含义上，我们就获得了兴趣的情绪或情感特征。因此，对真正兴趣的任何解释，都必须把握住以下两点：兴趣是在掌握智力内容时所进行的外在活动，兴趣是在感觉到的价值中自我反思。

3. 间接 vs. 直接兴趣——工作 vs. 苦差事

有很多例子说明，自我表达是直接的和即时的，它不会考虑其他的东西。当前的活动是意识中的终极目标。它在于彻底的自我满足。目标就是当前的活动，因此，就时间和空间而言，在手段和目的之间没有间隔。所有的游戏都具有这种直接的特征。所有纯粹的审美欣赏大概就是这种类型。现有的经验掌控着我们以彰显自身的利益，我们并不要求它把我们带入其边界之外的事情中。直接活动吸引了儿童和他的皮球，吸引了交响乐的业余爱好者和专业的耳朵。它的价值就在那里，就表现在直接的呈现中。

如果我们选择，我们也许会说，兴趣是在客体中呈现给感觉器官的，但我们必须留意如何去理解这种说法。在这个时候，除非客体是在活动中，否则它不是有意识的存在。对孩子来说，皮球是一种游戏，他的游戏就是他的皮球。音乐除非是在全神贯注的倾听中才存在——只要兴趣是直接的和审美的。兴趣经常被说成是一种吸引注意力的客体，被说成是一种通过其内在特征唤起兴趣的客体。但是，这从心理学角度来说是不可能的。使孩子感兴趣的明亮的颜色和甜美的声音，是孩子自身器官的活动特征。说孩子专注于颜色，并不是指他投身于一个外部的客体，而是指他继续这种导致颜色高调存在的活动。他自身的活动是如此令他全神贯注，以至于他努力去维持它。

另一方面，我们也有许多例子说明非直接的、转换的，或者从技术上说，间接的兴趣。也就是说，无关紧要的或甚至令人厌恶的事情常常能变成有兴趣的事，因为有人假定它们之间存在着我们之前所忽视的某种关系和关联。许多具有所谓实践气质的学生，一度排斥数学理论；但是，当他学习某种形式的机械，而某个数学理论又是一个必要的工具时，他的实践气质会再次被巨大的吸引力所激发。当乐谱和指法技巧只是作为自身目的和被孤立呈现的时候，不能吸引小孩；但是，当他意识到乐谱和指法有助于帮助他更好地唱出他喜欢的歌曲时，就变得充满趣味了。当这个小孩只是考虑眼前的事物时，是否产生吸引力都在于这种关系。当他日渐长大，他能够扩展他的视野，不再仅就事物本身审视某个行动、某件事或者某个事实，而是将其看作更大整体中的一个部分去审视它的价值。如果他把握了整体，如果整体是他自己活动的方式，那么个别事物也就获得了兴趣。

在此，而且仅就此而言，我们获得了"使事物有趣"的真实概念。某些兴趣反对者的理论是：首先选择教学内容，然后教师再使它们有趣。从字面上而言，我不知道是否还有比这更令人沮丧的学说。它在本质上把两个十足的错误结合在一起,一方面,它使教学内容的选择独立于兴趣——由此,独立于儿童自己的天生渴望和需要;另一方面,它把教学方法贬低为某种外在的和人为的工具,以此装饰无关内容和保持儿童的注意力。在现实中,"使事物有趣"的原则,意味着科目的选择应该和儿童现有的经验、能力和需要相关;意味着(万一他不理解和不懂得这种相关性)教师以一种使儿童能够懂得意义、关系和必要性的方法呈现新的材料。无论是赞同还是反对"使事物有趣"的同行,他们经常误解的恰恰就是"使儿童意识到新的材料"。

  换句话说,内在联系可以激发注意力,问题在于把握好它的尺度。那种告诉学生如果不把地理课的内容背诵好[1]就要留堂的老师,用的是间接兴趣心理学。过去学生学拉丁文时如果犯了一定的错误,教师就要严厉地敲打学生的关节,英国人的这种方法也是激发学生对繁琐的拉丁文产生兴趣的方法之一。贿赂小孩,或者承诺获得老师的喜欢,晋升到高年级,或者获得挣钱的能力,取得社会地位等诸如此类,都属于间接兴趣,是转换兴趣的实例。判断它们的标准仅仅在于:在什么程度上或范围内,某种兴趣外在地附着或者取代了另一种兴趣?这些新吸引力和动机在多大程度上用以解释、阐明并与材料建立联系,否则就不会产生

---

[1] 我曾经听到人们非常严肃地讨论过这个问题——被留堂学习的孩子,常常会对数学或者语法产生前所未有的兴趣,似乎这证明了与兴趣相对的"纪律"的功效。当然,事实是:更多的闲暇,个人解释机会的被提供,都使学习内容与儿童思维发生相应的关系——就此而言,他"感兴趣"了。

兴趣？这又是一个相互存在和相互作用的问题。它可以理解为手段和目的的关系之一。当人们把无关紧要和令人厌恶的事情当作达到与自我建立关系的目的的手段时，或者当作使掌握了的手段促发进一步的行为和表现的目的时，它们就变得有趣了。但是，就兴趣的正常发展而言，对某个事物的兴趣不会简单地与对另一个事物的兴趣外在地绑在一起。前者包容、浸润着后者，并由此转换它。前者解释或再评价后者——赋予后者意识上的新意义。一个有妻子和家庭的男人从而对日常生活有了新的动力——他在枯燥的生活中发现了新的意义，给枯燥的生活注入了以前缺乏的执著和热情。但是，如果他把日常工作看作是内在不和谐的事务，看作仅仅是为了挣钱糊口的苦差事，情况就完全相反了。手段和目的隔离了，它们彼此不再相互包容。他和过去一样对工作没有真正的兴趣，工作本身是需要逃避的苦难。因此，他不可能全心关注它，不能毫无保留地投入其中。但是，对另外一个男人而言，工作的每一步都可能差不多意味着他的妻子和孩子。在外部的身体上，它们是隔离的；在精神意识上，它们是一体的，拥有同样的价值。而在苦差事中，目的和手段在意识上保持隔离，就像在时间和空间中一样。这一切就和教师通过诉诸外在动力努力"创造兴趣"（create interest）一样。

  接下来，从相反的方面举一个艺术建筑的例子。雕刻家有他所期待的目的和理想。为了实现他的目的，他必须经过一系列就表面上而言与目的并不相等的步骤。他必须模仿、铸造和砍凿，所有的结果也许与他心目中的美好雕像相去甚远，所有的努力都代表着他个人付出的能量。但是，因为这些对于他而言都是达到目标、实现理想的必要手段，最终的形式完全是由这些努力转化而来的。粘土的每次铸造和砍凿的每一刀，对于他而言，都是实现过程中的全部目的。附着于目的的每一种兴趣或者价值都附着于每一步的努力中，它们对他具有同样的吸引力。不完全地认同以上所言，就意味着一个缺乏艺术性的创造，意味着他不是真正对他的理想感兴趣。对理想的真正兴趣，必然象征着对表达理想的所有条件产生同等的兴趣。

4. 兴趣是坚持自己的目的，坚持思考走到目的的手段，并从中感受到快乐和力量

与欲望和努力有关的兴趣

我们正在讨论兴趣与欲望和努力之间的关系。欲望和努力在合法的意义上都是间接兴趣的特征。它们是相关而不是对立的。只有当目的稍有些遥不可及的时候，努力和欲望才都存在。当能量的付出纯粹出于自身的目的时，就不存在努力的问题，同样也不存在欲望的问题。努力和欲望都包含着紧张的状态。在所期待的理想与实际的状态之间，肯定存在着某种对立。为了使实际状态符合于理想，当我们考虑决定转换它的必要性时——当我们从理想的角度考虑转换的过程，当我们的兴趣在于如何使理想实现时，我们称其为努力。为了保证这种转换，或者为了把观念变成现实，当我们考虑推动自我向前的现有能量时——当我们从已有

手段的角度考虑转换过程的时候，我们称其为欲望。但是，在任何一种情况中，都暗含着阻止我们的障碍和对抗障碍的持续不断的活动。当对抗纯粹模糊的愿望时，欲望的唯一确定的证据是努力。只有要求不断努力的时候，欲望才能够被唤起。

在讨论间接兴趣的条件时，我们既可以强调欲望中的目的和观念，也可以从一开始就考虑现有的手段以及迫切表达的能动方面。前者是智力的方面，后者是情感的方面。通过引发间接兴趣和克服阻碍的过程，自我实现的目的倾向是努力。坚持为一个未来的目的而全力表达现有能力的倾向是欲望。

冲动与情绪

我们常常将欲望看作是盲目和非法的。我们认为它坚持于自我满足，脱离实际情况，强调自我利益。这意味着欲望只能被感觉，而不可被认知。不能从意义和关系的立场考虑欲望，不能把欲望转移成欲望的结果之条件。因此，不能使欲望有智力的意义。它不能被理性化。因此，能量被浪费了。在强烈的欲望之中有巨大的力量，身体和心灵都躁动不安，但是在行动主体期望的目的与这种力量不相对应的地方，它就失去了方向。能量随遇而安地或根据一些偶然性的刺激自我释放。有机体疲惫不堪，却没有完成任何积极或有目的的活动。烦扰或焦躁与任何要达到的目的都不成比例。这种巨大的兴奋能量表现出来的，只是在刺激和释放中感到暂时满足。

然而，即使是盲目的欲望，在低级动物和人类之间还是存在着类型上的明显差别。在动物界，当欲望没有意识到它自己的目的时，它依旧通过某种在动物界中早已存在的和谐追逐着目的。恐惧是动物战斗和寻求躲藏点的刺激。愤怒是动物攻击和防卫的意图。情感打败了动物并且迫使它们无益地浪费自己能量的情况，是非同寻常的。但是，据说人类大部分盲目的情感在持续地发挥作用之前，就被要求作出调整。毫无疑问，与动物一样，恐惧或愤怒对人类也是有用的。在前一种情况中，人类需要受到一定的训练；而在后一种情况中，他们天然地就拥有了这种本事。愤怒的根本功能毫无疑问是搬掉阻碍实现过程的绊脚石，但对于儿童而言，愤怒的表现几乎肯定是把客体障碍物束之高阁，敬而远之，并使他们精疲力竭。盲目的情感需要理智化。主体必须意识到目的或目标，控制有意提及目的而激发的能量。

  换言之，为了使自我表现的过程有效和自动，手段和目的都必须意识到：无论什么时候，只要出现了影响调整目的和手段的困难，行动主体就陷入了情绪的状态中。无论什么时候，只要我们一方面产生了与某个目的相应的观念，另一方面产生了躁动不安的冲动和习惯，以及这种躁动不安的倾向立刻集中于相应的观念上，我们就会产生烦扰或焦躁，也就是众所周知的心理方面的情绪。人们常说，随着与特定目的有关系的习惯的确定和成形，情感因素就消失了。但是，如果让习惯已经适应的寻常目的被放弃，并且对过去的习惯突然提出一个要求，使它成为一个新目的的手段的话，情绪的压力就可能变得很迫切了。积极的一面，是所有的一切都被唤起了；但是，既没有在无目的的情况下立刻懈怠自我，也没有把自我导向任何习惯性的目的。结果是在习惯和目标之间、冲动和观念之间、手段与目的之间产生了张力。这种张力是情绪的本质特征。

情绪的功能

以上的描述明确表明，情绪在行为者生活的关键阶段保证了激发足够的能量。当目的是新的或者不寻常的，并且行为者感到应对有困难的时候，自然倾向将使它处于来去自由的状态。但是，正是目的的新颖性，经常表现出所提要求的重要性。对行为者来说，忽略目的是严重的问题，即使不是致命的话。正是进行有效调整的困难不断发出刺激波，要求更多的冲动和习惯发挥作用来强化能力和行为者可以调配的资源。由此，情绪的功能是支持或者强化行为者处理意外和直接情境中的新颖因素。

在兴奋和理想之间的平衡中，可以找到正常的道德结果。如果兴奋过于微弱或者弥散，行为者将缺乏动力。如果它相对太强，行为者无法控制被激发的能量，他将失去理智而被自己的兴奋所左右。换句话说，他会堕入盲目的情感。

欲望的功能

不能把欲望和单纯的冲动或盲目的情感看作同一个东西。与动物的欲望相比，人类的欲望总是意识到，至少是模糊地意识到自己的目的。当行为者处于欲望之中的时候，他意识到他前方的目的，而且这种对目的的意识可以强化他的积极倾向。简而言之，它可用以激发达到目的的必要手段。当欲望不是处于纯粹冲动的状态时，当然它也不处于纯粹智力的状态。目的可能出现在意识中，但是它只是被简单地看作目的。如果它不被看作是活动的刺激，它就是纯粹审美或者理论的东西了。至多，它将只能激发一种虔诚的愿望或者模糊的情感渴求，而不是积极的欲望。

欲望的真正道德功能与情绪的功能是一样的，准确地说，是其中的一个特殊阶段。它在道德生活上的作用是激发能量，刺激实现目的的必要手段，否则，就是纯粹理论或者审美的作用了。在特定方向上的欲望，只是度量某种目的或者观念对我们的控制。它们展示了性格的力量和该方向的迫切要求。它们考验性格的诚实。一个唤醒不了欲望的畸形生长的目的完全是虚假的，它显示性格不断分裂，是具有威胁性的伪善。

在道德上处理欲望，就像处理情绪一样，必须确保一种平衡。欲望倾向于不断地超越自己。欲望昭示着把躁动不安的能量作为实现目的的手段，但是能量一旦被挑起，它就倾向于摆脱目的而我行我素。欲望是贪婪的，除非欲望被监管。否则的话，它还使行为者过于轻率。它将他消耗殆尽。意识到了目的可以激发冲动和习惯，但是这还不够，行为者必须坚持把被冲动和习惯激发出的能量引导到正确的方向。

快乐和欲望的关系

我们从而获得了判断欲望与快乐之间关系的正常状态的标准。毫无疑问，欲望总是有些令人愉快的。意识到自我表达的目的，是令我们高兴的。因为目的决定满足，因此，凡是目的能够激发任何概念和唤醒的任何映像，它本身就是愉快的。这种快乐使行为者听从于目的，把理想的状态转化为现实。正常的快乐有着严格的工具性作用。一方面是因为对目的的意识，另一方面对目的的实践有效性作出贡献。在自我沉溺中，目的只是被用于刺激有意识的快乐状态，目的一旦完成，快乐此后就被排斥了。我们应该使快乐成为它自己的目的，而不是用来将心智固着于目的的手段。

欲望与兴趣的关系

有人可能会问，欲望与兴趣的关系是什么呢？准确地说，对欲望的分析就意味着对间接兴趣问题的考虑。正常的欲望，只是恰当的间接兴趣的一个例子而已。在冲动的一端和理想或目标的另一端之间保持平衡，恰恰就是对目标保持足够兴趣的问题。它可以防止能量浪费——引导被激发的能量朝着有助于实现目的的方向努力。在此，对目的的兴趣被转换为手段。换句话说，兴趣表明被激发的情绪力量发挥了作用。这是我们对兴趣的定义：它是一种与自我表现观念有关的冲动。

对目的的兴趣表明，欲望既是平静的，也是稳定的。过于贪婪的欲望，就像过于焦虑的反感，自己打败了自己。年轻的猎手急于杀死他的猎物，一想到就要达到目的了，他激动得无法控制自己，瞄准不了猎物，目标最终落空了。成功的猎手不是那种对目的、对杀死猎物不感兴趣的人，而是那种能够把他的兴趣完全转化到实现目的的必要手段上来的人。占满他心灵的不是杀死猎物，而是他必须完成的每一个步骤。手段再一次与目的同一，欲望变成了间接的兴趣。作为纯粹理想的理想消失了，它"落户"于工具性的能力之中。

5. 目的是兴趣的方向，是兴趣活动的助推器和总设计师

目的的分析

到目前为止，我们一直在从手段的角度讨论间接自我表现的过程。现在我们得考虑同样的过程，把重点放在对目的的智力分析上。因为前面讨论的内容较多，我们在此可能简单地分别论述目的或者理想的缘起和作用。

首先论述目的的缘起。一般而言，理想是活动能力（active powers）的投射。目的既不是在真空中生成的，也不是通过外部冲动和极力寻求表达的习惯而进入到头脑中的。目的就是这些活动的能力，它们被激发出来，审视着自己，想把自己看个透彻，弄明白自己对整个事件的影响。这种影响是持久的和在决定性意义上的，而不是暂时性的和相对割裂的。换句话说，理想是对冲动的自我意识，是自我诠释。理想的价值在于可能的实现。

接着论述目的的作用。如果理想有着独立于活动能力的起源，那么就不可能明白理想如何能够发挥作用。理想需要一种心灵机制，通过这种心灵机制，它不再仅仅是理想，而是成为一

种现实。但是，正因为理想一般而言是活动能力投射到智力活动中，理想才必然地拥有了活动的品质。这种动力因素一直保持着。作为动机的表现在种类上与作为理想的表现没有区别。动机就是活动价值的实现，这种价值起初就附着于动机中。

理想的冲突

换言之，当理想具有了动机（唤起活动的能力）功能的时候，从目的的角度而言，我们就把欲望转换为间接的兴趣了，就像我们刚才提到的从手段的角度而言一样。只要理想不变成动机，这就表明理想本身尚未明确地形成。这个世界存在着理想的冲突。行为者眼前有两个可能的目的方向，一个与活动能力相对应，另一个与冲动和习惯相对应。由此，思想、反思在任何单独的方向上都无法聚焦。自我遭遇了迷失，它不知道自己究竟需要什么。它处在尝试性的自我表现过程中，先尝试着一个自我，然后尝试着另一个自我，想看看它们是如何适应的。实现某个意图或者确定某个最终理想，表明自我已经找到了一致性的表现。正是在这一点上，理想开始抑制自我，开始在公开的活动中表现自我。理想变成了动机。对目的的兴趣现在转换为冲动和习惯，变成了当前的目的。动机是对理想的兴趣，而这种理想转化为冲动和习惯。

正常努力的意义

正常的努力恰恰是理想的自我实现的倾向——转换为动机的

努力。行为者活动的能量不会引发，或从中生长出空洞的和形式上的理想。缺乏任何强有力的品质，理想得不到伸张；它没有成为一个原动力，一个动机。但是，每当理想确实是自我表现的投射或者转换时，它一定奋力地表现自己。它一定坚韧地克服障碍，把障碍转换为自我实现的手段。它在哪种程度上表明了它的坚韧，它就在相同的程度上表明自己是现实中的真正理想，而不是名义上的或者妄想的自我表现形式。

良好的意图或者"怀有好意"提供了对这个原则的清晰解释。当一个从表面上看来失职的人，提供了良好的意图为自己的行为证明或者辩解的时候，究竟是什么决定了是否可以接受它们？难道不正是他在意图、理想和自我实现上表现出来的努力吗？不正是看他能否克服阻止理想公开实现的障碍吗？如果他不能够展示某些外来的、无法抵挡的干涉的话，我们有理由认定，行为者或者企图欺骗我们或者他在自我欺骗——他所谓良好的意图，实际上只是一种模糊的情绪愿望或者是间接地参照某种无法真正影响他的一些传统理想。我们一直用目的的持久性对抗考验它的生命力和真实性的障碍。

作为压力的努力

另一个方面，因为缺乏兴趣而在压力意义上的努力，是努力非正常的运用表现。这个意义上的努力的必要性表明，名义上坚持的目的没有作为自我表现的形式得到承认——它外在于自我，没有产生兴趣。有意识激发的努力仅仅是一种非真正的压力，这种压力必然表现在实现目的的任何企图中，但它不是自我过程的重要部分。压力总是人为的，它要求某种外在的刺激来保持，而且总是使人疲倦。压力意义上的努力，不但在道德训练中不起作用，而且起着明显的非道德的作用。目的的外在性见证了它无法激发积极的冲动，无法坚持实现目的。这种外在性，使任何实现目的的压力只会产生相对非道德的动机。在这种情况下，自私的恐惧，对外在压力的恐惧或纯粹机械的习惯，或者对外在奖赏的希望和对某种贿赂形式上的敏感，都可以成为真正的动机。

小　结

我们清楚了作为动机的快乐理论和作为动机的人为的努力是如何在实际上产生相同结果的。压力的理论总是涉及或者与愉悦或者与痛苦的某种关系，这两种情感都是具有真正控制作用的动机。快乐理论，由于缺乏影响和指引能力的内在的目的，得不停地依赖某些外在的刺激去激发不断消退的能力。在道德上没有人比习惯性的快乐寻求者付出的努力更多，取得的效果却更差，这是老生常谈。

心理学的分析结果与实际上教育方面的分析所达到的结果是一样的。在此，我们发现，诉诸使事物有趣的努力，激发对非有趣的事物的快乐感，在常识上引起了过度刺激的更迭和枯燥的冷漠。在此，我们发现，将快乐的期望作为目的，一方面，必然激起无用的能量；另一方面，导致能量的毫无方向和大肆挥霍。

在教育方面，我们发现，诉诸所谓"意志"的绝对力量，除了对目的的兴趣以外，意味着形成分散注意的习惯——一方面，以一种纯粹外在的方式机械地从事某项工作；另一方面，却是想入非非和无法控制的发挥意象的作用。在心理学方面，我们发现，对目的的兴趣仅仅意味着自我在某个方向找寻自己的行为路径和情感表达。因此，为了能量的释放，存在实现理想目的的努力动机。

在教育方面，引导我们认为正常的兴趣和努力与自我表现过程是同一的。现在，通过间接的自我表现过程，我们为教育实践的先决条件获得了相当充分的心理学依据。

6. 康德和赫尔巴特关于欲望和意志的理论

关于兴趣与道德训练关系的当下讨论，大部分集中于康德和赫尔巴特理论中有关欲望和意志论述的相关价值。在我看来，这两种理论的价值是半斤对八两的，彼此彼此而已。以前面讨论的结果判断，他们的理论都没有提出令人信服的关于兴趣或道德意志力的概念。

德国的黑格尔和施莱马赫（Schleiermacher）[①]，以及最近英国的布莱德利（Bradley）、格林（Green）和凯尔德（Caird），曾对康德理论进行了彻底的批判。因此，我们仅在此做一个简单的概

[①] 施莱马赫·弗雷德里希·恩斯特·丹尼尔（1768—1834）：德国哲学家和基督教新教神学家，主张个人必须养成自己的宗教态度。——译注

括就可以了。康德认为，欲望的唯一目的或者目标是快乐，也就是说，欲望的贬义是追逐私利。因此，由欲望建立起来的目的必须排除在道德动机中。行为者必须把道德法则和理智确定的目的不仅作为他的目的，而且作为他的动机。但是，所有特殊的目的都被排除在理智的目的之外，因为特殊的目的是经验性的，对理智的必要性和普遍性而言是不充分的。理智由此成为纯粹形式上的。它是空洞的，没有任何内容。

所有特定具体的目的都不构成道德动机的内容，这种理论主张是不充分的，几乎没有必要去详细阐述。作为实际上的结果，这样的理论，一方面是纯粹良好意愿的神化，另一方面树立了某些顽固和死板的规矩。对于教育者的意图来说，这种理论的无效也不言而喻。教育者的工作，不是把儿童的注意力集中在抽象的道德上，也不是引诱儿童在互动中把形式上的规矩当作控制的动机。教育者的工作是使儿童意识到抽象道德的普遍要求在特殊和具体的情形中的表现，让他们对这些特殊的道德目的发生兴趣，就像意志赋予他们以运动能力一样。在这方面，康德的理论绝对没有提供方法上的任何指导。尝试着以该理论为指导的教师，只要他实施教育，就将不可避免地使儿童或者变成感情用事的人，或者变成一本正经的人。他还将使学生形成贬义上的自我意识，也就是说，他们关心的将是自己对道德的态度而不是道德的行为。

然而，康德心理学中的某些观点是值得一提的。一方面，他假设人类全部冲动的、欲望的和贪婪的本性是自私，它产生了道德罪恶。康德知性论的本质是感觉和理智之间的二元论，它也再次出现在他对意志的批判中。自我一分为二。一个自我相（phase）是特殊的，另一个自我相是普遍的。所有他的假设既没有从生物学上，也没有从心理学上，或者从逻辑学上得到证明。从生物学上而言，冲动和欲望昭示着维持和延续生命的过程，而不是寻求快乐。从心理学上而言，冲动总是实现一个目的的手段和工具。快乐不是作为唤发生机的和预期的目的感觉到的，而是伴随着活动表现到来的。从逻辑上而言，殊相总是被知觉为有机统一体活动的一种特殊模式，共相被知觉为把殊相组织为统一整体的原则。

更进一步而言，当我们产生某种康德最终确实承认了的特殊兴趣的时候，它对教育者的需要而言的不充分性非常突出。对道德法则的崇敬，是康德承认的一种情感形式。但是，这种兴趣在发展的过程中必然是一个迟到物（a late one），对种族和个体的观察证明了这个判断。假设已经形成了某种道德性格，诉诸这种兴趣毫无疑问是有价值的——尤其是在道德紧张的关键阶段。因为在甚至成熟个性所表现的大量行为中，人们也可能质疑，提出清晰意识到的道德法则是否比依靠目的中所固有的价值更可取。在成熟的个性中，对诸如道德律的崇敬是有意义的。但是，对教育者而言，问题不在于如何形成这种崇敬，而在于如何利用现有的兴趣和特殊的目的。这样的话，在受到考验的关键时刻，法则意识和主张就会从兴趣和目的中生长出来，支撑和强化品格。

我们发现，赫尔巴特学派具有以下一些主张。首先，兴趣是心理的活动。它是自我的内在生机，是自我的激发。在兴趣的满足中，人们感觉到快乐，促进了轻松的心理活动。其次，兴趣出于自我考虑而附着于目的之中，而不是因为目的可以有助于实现进一步的目的。根据赫尔巴特学派的观点，真正的兴趣总是直接的，也就是说，是专注于目的的价值之中的。它是非自愿的，即先于和独立于任何被唤醒的欲望。间接兴趣是通常被称为非纯粹的兴趣，它并不是为了自己而附着于目的之中，而是因为它有益于达到快乐和成功的目的，虽然这些目的更为遥远。第三，兴趣是某些观念和观念之间的某些联系能够建立和强化的手段，这样的话，兴趣就可以在指导儿童行为中起到实际上的影响作用。

我认为，所有这些都具有教育上的建设性意义。如果考虑到直接和间接兴趣的不同用处的话，那么它与已经进行的分析在本质上是相一致的。但是，当我们对兴趣进行心理学分析的时候，发现了不仅不能证明而且实际上还与先前的论述相矛盾的解释。

根据该心理学的观点，兴趣不是心理的活动，而是行为的产物和观念的反应。兴趣只是一种情感，而所有的情感都依赖于观念的机制。赫尔巴特在摆脱"官能"心理学的愿望中，他不承认冲动和情感具有内在的或者原始的特征。从这个观点来说，兴趣只是一个结果而已。可以说它就是教育的目的，但是它不可能是一种手段、一个动机。它是观念的被动反射，而不是对观念的指导。

当观念（vorstellung）聚集在意识阈的下面，或者极力想进入意识阈的时候，它与相对的观念产生挤压。观念自身不是力，但是通过压力，通过观念施加自我保存的抵抗于压力之上，就形成了力。在观念的这种向前和向后的抗争中，一些观念融合了，新旧观念联合在一起。这种融合（统觉的本质）施加了某种压力，形成了安全感，由此形成了某种特定的情感，也就是我们所知道的兴趣。兴趣是一种要求，它不是对某些特殊观念的要求，而是对重复统觉过程的要求，对重复新旧观念之间联结（为了特定的快乐？）的要求。它还是进一步重复同一种活动的需要。

换句话说，兴趣绝不是附着于观念的内容中，意在欣赏它们的内在价值，而是完全依赖于观念形式上的相互作用；它伴随着这样的统觉过程，独立于统觉到的特定的系列观念。

我认为，赫尔巴特心理学和教育学的缺陷在于——观念是外在的存在，具有现成的特征，其存在和内容不依赖于个体以前的活动。它把观念从冲动和产生于冲动之中的活动中抽象出来，恰恰就像康德一样。在范围上，康德的理论具有容易了解的优势；而赫尔巴特的观念，在确定性上具有直接有效的优势。但是，这两种理论都没有明确指出观念和被感知到的目的来源于具体的本能行动；它们同样没有明确地把观念和目的的作用，看作是对活动的本能倾向的指导和规范。

我认为，赫尔巴特主义似乎在本质上是教师心理学，而不是儿童心理学。德国是一个非常强调权威的国家，个体必须明确和公认地接受权威在战争和政府管理上提出的道德要求，个性就形成于对权威的服从中。赫尔巴特心理学是该国性格的自然表达。也有的国家，声称他们相信每个人在心中自有权威原则，相信秩序意味着合作，而不是服从。赫尔巴特心理学显然没有表达这种思想。赫尔巴特学派论述了形成某种观念和观念之间关系的道德重要性，论述了在某种程度上通过在教学的形式和内容上的智力的正确和错误的运用，品格在这个意义上可能形成或者分裂。对此不心服口服地承认，将是愚蠢的。但是，正如我们的心理学所表明的，观念起源于对活动的阐明，用以指导新的活动。因此，我们需要一种新的教育学，它更强调在学校里通过具有教育意义的活动提供直接经验和观念逐渐进化的条件，因为观念在某种程度上是自然倾向在活动中的投射，而正是这种投射判断了观念的价值、力量和兴趣。

在历史方面，与在心理学方面一样，我们不准备更多地偏向康德或者赫尔巴特的某一边。我们可以回到柏拉图和亚里士多德两人。他们宣称"在快乐和痛苦方面的特殊训练，将使人去爱需要爱的事物，并从中获得快乐，去恨值得恨的事物。这种特殊的训练就是教育"。或者，我们可以回到黑格尔，他说，"心和意志的现实合理性只能在智力的普遍性中安家"。然而，他还写道："对冲动和倾向相当不利的是，冲动和倾向有时候和出于责任的道德责任形成对应；但是，冲动和激情是所有行动的生命血液。如果个体真正关注于他的目的和实现目的的行动，冲动和激情就是必要的。与'道德'有关的目的和理想，就其本身而言是空泛的内容，具有普遍性——是怠惰的事物。它在主体身上才能实现；只有当目的在行为者身上是内在的时候，它才是兴趣，而且——它要求行为者投入他全部有效的主体性——他的热情。"

下面的仅有工作就是简要地从教育方面总结整个讨论。

7. 与教师和儿童有关的兴趣

总　结

有人经常告诉我们，在教育方面的兴趣理论意味着：儿童未发展的、原始的和反复无常的智能和见识，被成年人成熟的、训练有素的和广阔的视野和经验所代替。以前的讨论能够使我们纠正这个结论。在儿童身上存在着天生的兴趣，部分是因为他所处的发展阶段，部分是因为以前形成的习惯和环境。它们是相对原始的、不确定的和暂时的兴趣。然而，对儿童而言，可以说确实是存在的。教师必须面对它们。它们是起点，是创始力，是发挥作用的工具。教师要把它们作为终点来接受，把它们当作标准，那么就意味着教师要从为兴趣而激发兴趣的意义上诉诸兴趣吗？绝不可以。进行这种解释的教师，是真正兴趣观念的最恰当不过的对立者。兴趣的意义在于关注兴趣引发了什么；它使新的经验成为可能，它倾向于形成新的能力。儿童的冲动和习惯必须进行解释。教师的价值恰恰就在于用宽广的知识和经验来审视他们，不是把他们当作初学者，而是要在结果中，在可能性中，即在理想中理解他们。赫尔巴特从五个方面提出了多方面的兴趣。以儿童对谈论自己、新奇的经验、朋友和他们的非凡行为的兴趣为例。它能引发什么？可能的结果是什么？再以儿童涂鸦、造房子、画狗和人为例。它能得出什么结论？它能解释什么？这样的例子可以举出很多。为了回答诸如此类的问题，仅仅知道儿童心理学是不够的。它使成人的智慧、历史知识、科学和艺术资源都倍感压力。教学内容，以其所有的精确和易学好懂，成为下面这个问题答案的一个名称：这些初始的力量意味着什么？

然而，这是从开始到终点的一条长路，从儿童的现在需要和爱好到成熟发展的一条长路。路要一步一步地走。教师的实践中，总是只有今天。教师必须注意儿童是如何使用直接兴趣的，他最近用到的兴趣是什么？这样的话，他就可能沿着他所追求的职业和方向进步。现在就必须利用他涂鸦的兴趣，不是为了十年后他能写非常优美的信，或者做很出色的账，而是他现在就可以从中获得好处。它可能使他在另一个领域提前起步，使他日渐成熟。这种对兴趣和习惯的利用，使兴趣更丰满、更广泛、更精致和控制得更好。它可以看作是教师的全部职责。总是这样利用兴趣的教师，不会单纯沉溺于兴趣之中。兴趣在其现实中是运动不止的，是不断生长着的，是更加丰富的经验和更全面的能力。如何使用兴趣来确保知识的增长和效率的提高，就是优秀教师的定义。这里没有篇幅来回答。但是，刚才的讨论非常明显地告诉我们：根据儿童主要处于直接兴趣阶段，当手段和目的结合在一起时，或者当儿童达到了间接兴趣的能力时，达到了有意识地使行动和观念发生关系、有意识地用彼此的术语相互解释能力的时候，情况就将大为不同。首先，初等教育阶段要求儿童主要从事直接的、外在的和积极的活动。儿童在这种活动中，可以充分地实现他的冲动，从而可以使他们意识到自觉的价值。其次，中学教育阶段要求为儿童打下反思、自觉用公式表示和概括的基础，打下反复回忆活动，有意识地确定经验的要素并且使它们彼此发生联系的基础。在此，教师可以使儿童间接地和替代性地反思自己的经验以及吸收他人的经验，而不是简单地给予儿童感知这些关系的机会。通过这些，教师能够使儿童意识到自己的能力和经验的更大的意义。

兴趣和训练

正因为兴趣就是触手可及的事物，就是在实现冲动的活动中成长和扩展的事物，因此，在真正利用和保证能力与效能之间不存在冲突。它们标志着训练有素的心智——构成真正的"训练"。因为兴趣不只是一些自我沉湎的怠惰事物，而是某些必须在生活中展开的事物，因此儿童必须克服许多的困难和障碍，对它们的克服就形成了"训练"，发展了个性的灵活性和坚定性。实现兴趣就意味着做某件事，在做中遭遇阻力，面对和克服它。只有当困难是儿童内在感知到了的，它们才是有意义的。在冲动或习惯与克服困难的关系中，儿童感受到这些困难，由此它们的意义得到了赏识，产生了增值。而且，因为这个原因，儿童产生了一种动机，他准备迎接和百折不挠地克服困难，而不是意志顿消，或者不知不觉地采取逃避的方法，或者不得不诉诸希望和恐惧等外在动因——这些动因，由于它们是外在的，并不能训练"意志"，只能产生对他人的依赖。

目前，许多训练的概念中存在着一个谬误。它假设：（1）不相关的困难,即任务只不过是任务,被虚构成问题的问题才导致教育性的努力和对能量的指导;(2)能力不通过应用也能够普遍地提高。(1)问题是精神上和心灵上的;在感知问题的行为者身上,问题表现为某种心灵的态度和过程。不是贴上了问题标签的就真的是问题,不是在教师看来是问题的就真的是问题,也不是"困难"的和令人厌恶的就是问题。同样,鉴别一个问题时,儿童一定把它感觉为产生于和来自于自己经验之中的困难,把它感觉为他不得不扫除的阻力,否则的话,他就不能保证自己的目的,不能保证经验的完整性和丰富性。但是,这意味着问题将来自于儿童自己的冲动、观念、习惯,来自于他对冲动、观念和习惯的表达和实现的努力——简而言之,来自于他实现兴趣的努力。(2)只有当有能力可使用的时候,才有训练或者训练有素的能力。任何其他的"训练"概念都将其甚至贬低到专业体操表演者的水平之下——贬低到驯猴的水平。如果有人放弃他全部的生活以获得杂志上特意安排的游戏迷宫中的字谜破解技巧,他就是符合目前智力训练概念的人。但是,这样的概念没有必要去反对。当一个人在一个又一个的、本质上值得做的工作中能够简便、自由和完全地使用自己能力的时候,这就是训练。数学无法实现它所宣称的训练功能的大部分原因,恰恰就在于脱离了应用。能够轻松应付复杂分数问题的儿童,可能会很容易失败,完全不能解决实际生活中遇到的最简单的例题。他"以前从来没有遇到过它",或者他不知道"使用什么定律"。他接受了大量的训练却发挥不了作用;面对出现在经验的自然过程中的困难时,如何调整知识和习惯以应对它呢？这样的能力训练，他几乎没有接受过。这如果不是令人感觉可怜的话，也是荒谬可笑的——经常是令人悲哀的。通过在本质上虚构智力问题来保证训练，而不是保证条件以使问题在儿童的自然经验中得到解决的话，学业能力和训练与世界日常生活和要求的隔离也就不可避免了。

结　论

在结论中，我们可以说，把兴趣树立为目的本身的话，将一无所获。对幸福如此，兴趣也不例外——当兴趣被最低地意识为目的的话，它会达到最好的效果。需要做的是实现某些暗含在兴趣背后并且可以驱策兴趣的条件——儿童自己的能力和需要，满足兴趣和需要的工具和材料。如果我们能发现儿童急迫的冲动和习惯，如果我们能够使它们富有成果和有秩序地发挥作用的话，通过提供恰当的环境，我们就没有必要过于为他的兴趣而烦心了；他们多半会自我料理。这样的话，我就最坚信对他的"意志"训练。事实是，兴趣和意志的"分居"假设的根源和活力存在于人为心理学（man-made psychology）中。这种心理学通过独立实体和官能的抽象分析，建立了自己的特色。无论我们如何看待它，总是有人——成年人或者儿童——实际上，无论怎样真实地训练这个人，赋予他的经验以秩序和能力、创造力和智力，这肯定是在训练他的意志。有些人相信，在个体中，在个体积极的天性与平衡之外，存在着一种明确的"意志"，并且发明训练那种意志的方法。我们可以放心地把这种训练留给他们。还有一些人相信，意志可用以称呼完整个体的某种态度和过程、主动的能力、百折不挠和聪明灵巧地根据目的调整手段的能力。对于他们而言，意志训练将意味着与诚挚地商讨和理智的见识结合在一起的独立和坚定的行为中的任何发展倾向。

8. 讨论：兴趣所坚持的目的和手段必须是道德的吗？

在杰克森维尔的讨论

1896年2月20日，在佛罗里达州的杰克森维尔（Jacksonville）召开了赫尔巴特圆桌会议（The Herbart Round Table），与会人数相当可观，他们提前阅读了论文，热烈地参加了讨论。查理斯·加谟（Charles De Garmo）博士主持会议。

杜威博士因生病而缺席，麦克默里（C·A·McMurry）被邀请对讨论要求作了简短的介绍。然后，讨论持续进行了一个半小时，接下来对讨论中的论点进行简单的陈述。这个陈述后来提交给了杜威博士，他在文后对观点进行了简短的反驳。

埃佛勒斯（Everest）博士和其他人对杜威博士的观点提出的第一个主要批评是：一些术语，如自我活动、自我表现和兴趣，没有进行明确的定义，无法判断它们究竟是什么意思。布朗（George P. Brown）先生认为，杜威博士在他的心理学中所使用的专业术语知识对理解论文是必要的。在思维的领域，自我活动和自我表现是相似的术语。例如，儿童渴望在游戏中自我实现。

花和植物是种子中巨大生命力的自我实现。自我表现是植物和动物活动的自然结果。埃佛勒斯博士注意到，自我实现可能是有害的。男孩在罪恶的方向上追求自我的实现，就像阅读不健康的书籍一样。

受布朗先生的鼓舞，哈里斯博士作了如下的回答：杜威博士的论文充分显示了他的才能。他已经拜读了，但是尚未对其意义表示十分的满意。它很值得多读几次，就像对杜威博士的其他著作一样。他倾向于认为，杜威博士以对兴趣的诠释来强调情境。他似乎采取了黑格尔在《哲学纲要》(philosophie des Rechts)中的立场。意志是最高纯粹存在的中心和根本。上帝创造了自由的宇宙和进化。

在从西斯廷教堂俯视众生的上帝看来，这是对艺术家作品的诠释。意志期望意志(Will wills will)。杜威博士强调了自我表现，限定了它指向兴趣。但是，兴趣指向了快乐。与兴趣相比，康德对快乐主义的批判永远是正确的。快乐是一个模糊的词，好坏兼具。在这种不确定性的背后，你可以随意伪装。在兴趣的后面，你可以乔装为一个同样模棱两可的词，兴趣是低级的、中庸的和高尚的东西。这是一顶罩着太多东西的帽子，好的坏的都集中在一个名词下。兴趣的鼓吹者详细说明"兴趣之帽"下的意思。只有当人类愿意在世界上自由地促进最好的自我活动时，自我活动本身才是一条发展的规律。杜威博士对康德进行了错误的诠释。当教学材料已经被选择了的时候，对教师而言，他们让儿童对这些材料发生兴趣是恰当的。

怀特博士认为，兴趣是一个模糊和不确定的词。兴趣不导致欲望和动机。如果兴趣决定行为，那么我们应该如何逃避道德沦丧这个结论？朝着兴趣的方向行动是较为容易的；但是，责任拖人的兴趣的后腿，就要引起最高度的关注。这种兴趣理论很尴尬，儿童不被允许朝着兴趣的方向发展。在生活和经验的所有真正努力中，至少，我们被要求牺牲快乐，守住职责。

哈里斯博士评论道，怀特博士的观点建立在兴趣的模棱两可的意义基础之上。我们应该固定在儿童的真正目的上。弗兰克·麦克默里（Frank McMurry）要求人们注意这个事实，即爱焕发行动。怀特博士想知道是否爱与兴趣有关系。我的回答是，爱和兴趣属于同一种类，爱是兴趣更强烈的形式。吉兰（Gillan）先生想知道是否兴趣存在于痛苦之中，如牙痛或者截肢手术等。鲍威尔（Powell）先生认为，摆脱痛苦的努力是一种间接的兴趣。苏顿（Sutton）先生提请注意以下这个句子，它的开头部分为："痛苦是令人厌恶的这个事实表明，我们不认为它们与渴望的目的有本质上的关系"等。他还进一步指出，痛苦不是动机的起源。对健康的渴望，对摆脱痛苦和障碍的欲求，是兴趣的真正起源。

特鲁德里（Treudley）先生和哈里斯博士被卷进了关于人的意志的讨论中，认为人的意志与上帝意志有关，在什么范围中有限的意志是上帝的表达或者形式。在讨论快结束时，查理斯·麦克默里提出了兴趣的教育价值问题。那些把兴趣倡导为教学中重要因素的人，受到了兴趣含义模棱两可、兴趣好坏兼具的指控。然而，那些兴趣的反对者既反对有益的兴趣，也反对有害的兴趣。他们全然否认兴趣的价值。他们至少与兴趣理论的支持者一样，是错误的。兴趣理论的捍卫者毫不怀疑他们希望发展的是什么样的兴趣。它是真正的、高级的兴趣，是他们希望激发出的理想。没有人对此怀疑过。赫尔巴特，作为一名哲学家，尽力指出了六大兴趣的真正来源。这样的话，没有人能够怀疑他的意图，在本质上讲，这也是兴趣倡导者的意图。而且，所有最重要的词语都遭受含义模棱两可的指责，就像对"兴趣"一词的指责一样。意志训练可能是有益的和有害的；自我活动也是一样；教育也是如此。然而，我们还在使用这些词，我们懂得它们的意思是什么。

我们需要回答这个问题：我们应该接受杜威博士对兴趣心理学的分析吗？他对包含在观念、兴趣、期望、动机和努力中的自然活动进行了全面的和巧妙的分析。我们应该接受杜威博士给予兴趣在学习过程中的地位和价值吗？教育学问题是一个简单而直接的问题。

杜威博士由于没有出席讨论会，希望在前述的报告中补充以下的内容："当然，兴趣一词，如果不进行讨论和解释的话，含义是模糊的。如果它的意思得到了完全详细的描述和普遍性认可的话，那么就将没有科学的兴趣加入到进一步的讨论中。所有在某个时期成为讨论中心的词，都有一种相似的模棱两可。讨论恰恰是要澄清这种模棱两可。先前的全部论述都是在努力找出在心理学方面真正的兴趣是什么意思，以及必然的结果是兴趣在教育中的恰当使用。进行的分析和应用可能很不恰当，但是除了明确地表达和然后进行批评之外，我看不出还有其他的方法促进事物的发展。对兴趣的讨论，如果是建立在纯粹武断定义的基础上，如果凌驾于任何心理学分析之上的话，那么毫无益处；单纯地对该词模棱两可的抱怨，对给予它重要性的努力不作检验的话，那么除了模棱两可还是模棱两可。作为讨论的基础，我们必须进行一些细节上的分析，无论它是多么不正确。我希望前述的讨论可以受到足够的检验和批评，以帮助我们获得兴趣在心理上的特征和教育上的应用方面的一个真正的概念。必须避免的是删减的和干巴巴的定义，而不是避免在心理学中寻找；我们需要的是对定义充分进行彻底的分析。然而，它可能被评价为——这种总结性的定义在前面的论述中出现过了。"

参考文献

"我发现，魏斯曼（Walsemann）在《兴趣》（*Das Interesse*）中对赫尔巴特的评论最为精彩；不相上下的，还有格罗斯勒（Grossler）的《多方面兴趣》（*Das vielseitige Interesse*）和维尔特（Viedt）的《多方面的兴趣》（*Vielseitiges Interesse*）。科恩（Kern）的《教育学概要》（*Grundriss der padagogik*）也相当率直。在他的书中，他在许多处引用了黑格尔对康德的评论，例如《哲学纲要》（*Philosophie des Rechts*）的第135节，但是在他的著作（第2卷）304 ff 中作了最好的总结。在《哲学纲要》的第475节直接引用了黑格尔的话。在这一段中，他还说，行为者总是带着兴趣活动的。"

学校课程的心理学维度[1]

1.基于学生的心理建构课程内容和教学方法

在目前的教学论著中，存在一种粗略而简便的方法，用以区分课程或教学内容和教学方法。前者被认为在性质上是客观的并且由社会学和逻辑学思想来决定，无须对个体的特征作特别的考虑。有人假定，不借助于个体心理学理论在教学中的应用原则，我们也可以讨论和研究地理、数学、语言等学校课程。当我们不得不考虑要把教学内容的客观性与过程、个体的兴趣和能力相适应时，我们就站在教学方法的立场上了。心理学的研究是现成可用的，而教学法要求的却是所提供的事实和真理如何能被学生最容易、最有效地吸收。

如果作为一种方便和有效的区分方法的话，这样分配两种教学状态可能不会带来任何大的危害。然而，当它被强化形成刻板的原则，并作为进一步的推论基础时，或者当它被视为决定其他教育问题的参考标准时，这种观点遭到了严重的异议。

从哲学方面来看，我认为它构建了一种站不住脚的二元论、

---

[1] 首次发表于《教育评论》，第8卷（1897年4月），第356—369页。未重印。

一种无论从哪个角度看都是值得怀疑的二元论。而且，如果这种二元论以哲学物质的形式呈现的话，许多在实践和教学上持这种隔离的二元论的作者，很可能最不愿意承认这个事实。这种二元论，一方面是一种心理活动，另一方面是智力内容——心理和心理所处理的教学材料，或者更严格地说，是指经验中的主体和客体。这个哲学前提是，在心理活动和心理活动研究的教学内容之间存在某种程度的间断或者断层。如果不以为然地毫不涉及心理学思想（也就是说，不考虑个体行为特征和模式）去选择、定义和确定内容的话，我们可以推测出实践和理论是以独立和外部的方式存在的，与方法和心理功能没有有机的联系。当这种哲学以教育的形式呈现的时候，那些拒绝承认这是一种好哲学的人却对此表示满意。我很难理解这种人。

这种二元论将教育上的心理因素贬低为一种空洞的训练，导致它仅仅成为一种对认知、记忆、判断等官能的形式训练。这些官能被认为是独立存在的，并且是由自己操作的、与内容并没有固然的联系。哈里斯博士曾在《15人委员会报告》(*Report of the Committee of Fifteen*)中提出，心理学基础对于确定教育价值是相对无用的。就此，有人提出，这种观点是我们目前所讨论的二元论带来的必然结果。这些详情，我一无所知。如果内容在一方面单独地存在，那么心理过程则在另一方面很可能孤立。事实上，能够成功地质疑对心理学立场的批判之唯一方法，是否认在经验内容和其相关的心理活动之间存在着分离。

如果在实践中合理地实施这一学说，它甚至还没有那些严格的理论更具吸引力。从这点上来看，材料，即要学习的内容，是一些不可避免的外在东西，因此是无关紧要的。学习内容既无需考虑儿童天生的和内在的心理倾向，也不存在促进和引发心理能力的基本特征。毫不奇怪，这种区分法的支持者们倾向于怀疑教学中兴趣的价值，并且把全部重点放在刻苦拼搏上。材料的外在性使它或多或少地被心理所排斥。根据这种推断，如果使一个学生独处，他必然投身于其他事情。它要求意志官能作出足够的努力，以使心理从其内在作用和兴趣转向外在的材料。

另一方面，心理过程的持续和发展如果被假定为与材料没有内在的联系，方法问题就被降到了一个非常低的层面。不可避免地，它只是关涉一些被经验所证明有用的各种各样的手段，或者关涉一些教师个人创造出来的杰作。没有什么基本的或哲学的东西，可以作为决定教学法问题的标准。它是一个简单的问题，即寻找一种可以减小心理和外部材料之间冲突的暂时性的手段和技巧。怪不得那些甚至无意识地持这种二元论的人（当他们找不到在实践上有效的努力理论的时候），又一次在被解释成乐趣的兴趣学说中寻找同盟者，并且认为教育的实际工作是如何使没有内在兴趣的学习变得有趣，也就是说，如何用人为的吸引力包装它们，以使心理无意识地"吞下"令人排斥的"苦药"。

事实是，这种二元的推论，一方面赋予材料一种外在的和不重要的特征，而另一方面使教学法变得无足轻重和随意。对此，我们当然有理由质疑。因此，在下面的论述中，我提出要验证这种推论，并由此表明我的观点，即不仅教学方法要考虑心理的因素，教学内容也要考虑心理的因素（就是那些关于个人能力和结构的心理因素）。

2. 基于儿童感受世界和思考问题的特殊方式组织课程内容

哈里斯博士对我在《与意志有关的兴趣》中的专题研究进行了评论，其语调总体上是友好和欣赏的，以至于我觉得如果继续讨论而又提不出更深入问题的话，将会显得我吹毛求疵并会引起争议。我相信，目前有关兴趣在教育中的重要性和相关性的意义与价值的许多争论，就是因为没有生成出我刚才提出的这些根本的问题；在目前的讨论状态中，似乎大家所需要的，就是使那些非常想当然地默认的前提假设明晰化，从而可以从侧面解决这两个问题。

那么，我们对课程的研究意味着什么呢？它代表什么？什么确定了它在学校工作中的地位呢？什么给它提供了结果？什么给予了它局限？我们拿什么标准来衡量它的价值？当然，没有人要求普通的学校教师提出这样的问题，但是得有人向他们指定课程。正如我们所说，课程要提供给教师，特定的教师个人必须尽其所能地去挖掘和利用教材。但是，那些在理论上关心教育本质的人，或者那些在实践中必须处理课程组织的人——"设计"课程的人——是忽略不起这些问题的。

总体来说，在美国，针对这些问题最具有哲学性的答案是由哈里斯博士在著名的圣·路易斯报告中提出来的，也是近期他在

《15人委员会报告》一文中明确叙述了的，同时在他反对赫尔巴特学派的相关性概念的文章中也提及了这一答案。本质上，有人告诉我们，研究就是搜集和整理事实与原理，它们或者与典型的社会生活有关，或者提供维持社会生活的基本工具；还有人告诉我们，选择和定位一种研究的标准，是看该研究使学生适应他与生俱来的文明需要的价值。

到目前为止，从积极的一面来讲，我不怀疑这一主张；我持异议的一点是它的消极推论，即社会决定性排除了心理的因素。社会角度的界定是必要的，但是心理的因素就不迫切了吗？例如，假设我们提问：一个既定学科如何在社会生活中发挥它所应该发挥的作用？什么赋予了它功能？在发挥功能时，该学科的作用机制如何？假设我们说，地理在向儿童解释他所出生于文明的结构和过程中发挥着某种重要的作用；另外，假设我们想知道地理究竟是如何发挥这个作用，究竟是什么本质性的东西使它具有这种融合的作用并赋予其他学科或学习课目都不能具有的功能？我们能够在不涉及心理学领域的前提下回答这个问题吗？事实上，难道我们不从心理学的层面探究地理是什么——也就是说，作为一种经验模式或形式的地理是什么吗？①

---

① 我注意到许多评论家们反对《数字心理学》的标题，其依据正如一个反对者所言，"心理学是心理的科学。因此，这个标题实质上就是'数字的心理科学'，这听上去很奇怪。"这些评论家们的意思是说，数量、数字等不是经验的模式吗？意思是说，它们不是特定的心理态度和行动吗？从教育的立场而不是从科学的立场，对作为经验模式、心理态度和功能过程的数字进行研究，比从纯粹客观的立场对数字进行定义更重要，难道他们不是在否定这一点吗？

此外，我们一定还会问：在我们发现教学材料的一般选择依据之前，特别是在我们可以为某一年龄段的学生或某一种社会环境选择材料之前，该学科是如何竭力发挥以上作用的？我们必须考虑到，作为逻辑整体的学科和作为心理整体的学科的区别。从逻辑的观点来看，学科是被当作有效的事实的载体或系统，这些事实通过内部关系和解释原则凝聚在一起。逻辑的观点断定这些事实已经被发现、整理、分类和系统化。它从客观的立场来解决内容的问题。它只关心事实是否是真实的，关心用来解释和说明的理论是否经得起检验。从心理学的观点来看，我们关心的是作为活生生的个体经历的方式或形式的学科。地理不仅仅是一系列可以自己进行分类和讨论的事实和理论，也是实际的个体对世界的感受和思考的一种方式。必须先有后者，才能产生前者。只有后者达到自然发展的某种高度和成熟度，才能考虑前者。只有个体亲身感受和意识到了一定数量的经验，他才做好了采取客观的和逻辑的观点的准备，才有能力保持中立，对相关的事实和理论进行分析。

现在，教育关心的首要问题，无疑应该是把学科看作一种个人经验的特殊模式，而不是作为一堆已经解决的事实和科学证实的原则。对一个孩子来说，恰恰因为他是孩子，地理学科不是，也不可能和那些从科学专题的角度阐述的地理内容一样。就前者而言，后者恰好就包含着它需要引导出的经验，这种引导也是教学的难题。把针对 7 岁或者 15 岁孩子的地理等同于洪堡[①]（Humboldt）或瑞特（Ritter）的地理，是本末倒置的事情。对于一个孩子，教学所要采取的立场，不是既成事实的结果，而是粗糙经验的开始。我们必须发现一个孩子的现有经验领域（或者他能够轻易获取的经验领域）中那些值得称为地理学的东西。这不是如何教孩子地理的问题，而首先是地理对孩子来说是什么的问题。

并不存在对地理、自然历史或者物理进行永久性区分和标记的确定的事实体系。确切地说，根据所调查的兴趣和智力态度，相同的客观现实可能是其中一个或另一个，也可能一个都不是。拿一平方英里的领域为例，假如我们从某一兴趣着手，它可能是数学；从另一角度，它可能是关于植物学的；再从另一角度，可能是地质学的，或者是矿物学的，或者是地理学的，或者从其他的观点，它则能成为历史方面的材料。作为一个客观的事实被置之任何一方面，都不是绝对的。只有当我们问到当下进行的是哪种经验、某个个体实际上假设的是什么态度、个体想要达到的目的和结果是什么时，我们才找到可以作为选择和安排特定学科内容的基础。

因此，甚至在最具逻辑性和客观性的研究中，我们也不能脱离心理学的观点，我们不可能不参照一个有着经验的人，不可能不思考他是如何和为什么获得了这些经验的。我们现在所正在做

[①] 亚历山大·冯·洪堡，1769—1859，德国自然科学家、自然地理学家、著述家、政治家。——译者

的只是简单地采纳了成人的心理（也就是说，采纳已经历过某种系列经验的人的心理），他已经具有一定的背景和生长过程，并且用他的成熟和发展了的兴趣来代替孩子不成熟的和相对潜在的倾向。如果我们在教育工作中遵照这种区别的话，那就意味着用成人的意识来代替孩子的意识。

3. 如何发现儿童感受世界和思考问题的特殊方式？

由此，我重申，关于课程学习的首要问题是一个心理学的问题。学习是什么，它是一种活生生的、直接的、个人经验吗？在这种经验中，兴趣是什么？它的动机或刺激是什么？它与经验的其他形式是如何作用与相互作用的？它本身是怎么样逐渐与其他经验相区别的？为了给予它们额外的确定性和意义的丰富性，它是怎样起作用的？我们问这些问题，不仅是出于对普遍意义上的儿童的考虑，而且也考虑到了具体的儿童——某个特定年龄阶段的儿童、具有一定学业水平的儿童，以及具体家庭与社区相联系的儿童。

在我们提出这些问题之前，对学校课程的思考还是独断和片面的，因为我们没有终极的决定标准。问题不仅仅在于儿童能够掌握什么事实，或者什么事实能够使他感兴趣，而在于在某个特定的方向上，他自身拥有什么经验。学科必须依照其固有的法则与那种经验相区别。除非我们知道这些法则是什么，内在的刺激、某种特定经验的行为模式和功能是什么，否则我们在实践中束手无策。我们可以遵循规则，也可以追求抽象逻辑思维，但是我们没有起决定性的教育标准。回答这些问题，是一个心理学问题。当我们得到这些问题的答案的时候，我们就知道怎么阐明、建立、排列经验的内容，因而，经验不断生长并包含成人意识已经拥有的系统的事实体系。

这是一个明显的实践问题——它关涉课堂的实际工作，而不是简单的专业地位。大体上说，我相信，现在教学中急切要应对的难题是课程的内容问题。无论在总体上，还是在不同的阶段中，课程内容的选择和决定都是建立在客观的或逻辑的基础上，而不是以心理学为基础的。卑微的教育大张着嘴，敞开着双手，站着"嗷嗷待哺"，等着接受抽象科学的作者给予完整的体系。这一体系经过几个世纪的经验和艰难的反思，得以完善和发展。教师以这种值得信任的方式接受现成的"内容"之后，就接着用这种同样现成的方法将其传授给学生。发生于其间的交流媒介只是以被称为"方法"的策略和计谋对其进行某种外部的附加，用被称为"激发兴趣"的外部刺激的方式构成"糖衣"。

所有的这些程序都忽略了一点，即教育学最重要的问题是：如果没有儿童现有的、未加工的、本能的经验，成人意识中完整的和系统的知识如何能逐渐地发挥作用。首要回答的问题是：经验是怎样发展的，而不是成年人在从儿童到成人发展过程中成功地获得了什么经验。进行科学研究的作者，他已经拥有原始经验的背景，经历了整个成长的过程，也许可以安全地承担它们而不迷失。对于他来说，无论从视角而言，还是从关系而言，课程内容都是恰当的。但是，当成人材料被直接传给儿童时，视角被忽视了，课程被强制变成虚假的和武断的关系，内在的兴趣没有吸引力了，儿童所拥有的经验可能成为学习的一个极其重要工具的经验，却弃之未用，逐渐衰退。

真正的课程程序可以表述如下：

第一，我们必须把注意力集中在儿童身上，以找出在所选择的特定时期什么经验最适合儿童；如果可能的话，还要找出在这一时期什么构成了儿童经验的特色；找出为什么他的经验以这种而非他种形式表现。这意味着，我们要细致地观察什么经验对他是最有意义和有价值的，观察他对这些经验的态度。我们在这些经验中寻找兴趣点和重点。我们寻找他所持有的经验水平和如何使他保持兴趣。我们通过观察和反思，努力发现孩子的哪些品味和能力对获得经验起积极的作用。我们询问儿童形成了什么习惯，想达到哪种目的和结果。我们追问什么是刺激物和孩子们对其作出何种反应。我们好奇什么动力推动了他们的表达欲望；他们是以什么特定的方式开始展现的，在展现的过程中，孩子们形成了什么结果。

所有这些都是心理学问题。如果允许的话，我将其概括成"兴趣"一词。我们的研究是找出孩子们的实际兴趣所在，或客观地说，找出世界上什么物体和人吸引了孩子的注意力，什么事物和人构成了他们生活的意义和价值。这并不意味着这些兴趣一经发现便成为学校工作的最终标准，也不意味着它们有终极性的规范价值。它意味着只有解决了这些前设性的问题，我们才能发现或运用最终标准。只有通过提问和回答这些问题，我们才能找出孩子的实际认知水平；他们有能力做什么事情，哪些事情能在最短的时间内花最小的力量、精力、体力来最好地完成。在此，我们发现了对孩子来说合法的事实和观念范围的指示信号。如果我们还没有掌握内容选择的绝对规则的话，我们确实无疑已经得到了这种选择的答案。不仅如此，在此展现在我们眼前的，还有教师在教学工作中所依赖的资源和同盟。这些天生就存在的兴趣、冲动和经验，都是教师工作中的杠杆。他必须将它们联系起来，否则就会最终失败。确实，恰恰是杠杆和联系这两个词暗示了一种比实际存在更外在的关系。新材料不可能从外面附属于这些经验或悬于其上，但必须和它们具有内在的区别。一个孩子在没有已有经验和兴趣的基础上，是不可能认识一个事实或获得一个想法的。因此，教学的问题是如何诱发这种生长。

接着，要把兴趣的表现作为现象进行研究。只有通过孩子所做的，我们才能知道他的经验水平。借助于兴趣的内涵，我们能够将他的外在行为转化为内在意义。如果我们知道孩子的兴趣所在，不仅会知道他的外部行为，也会知道他为什么去做；他的兴趣所在，就是他的真实个体所在。无论我们的兴趣何在，它都将显现萌发的能力；无论缺乏兴趣和感到厌恶的现象在何处出现，我们一定会发现孩子不能自由发挥，不能自如地控制和指导他自己的经验知识；或者如果我可以引用哈里斯博士所称谓的"雄辩的和专业性的术语"的话，也不能轻松和自在地"自我表现"。

需要再一次强调的是,这些兴趣的现象都不是终结性的。它们不是告诉教师:我们是你们的最终目标,你们要投入所有的精力来培养我们。尽管如此,它们是象征和工具,是可使教师了解什么是真正的经验而非名义上经验的唯一线索。它们揭示了一种基本观点,即应该设置哪些科目才能吸引孩子。教师的问题是洞察孩子们表面上的表现,找出内在的蕴含资源。即使"坏"兴趣,诸如破坏欲等,也是某种必须发现和利用的内部力量。

第二,在谈到这些心理现象提供了机会、线索和杠杆作用时,我们实际上是在说它们提出了问题。它们需要被解释。它们有象征的价值,而且像其他象征一样,必须被解释成它们所代表的现实。现在,它们是在逻辑性和客观性教学内容的领域来帮助我们进行解释。通过对结果的洞察,我们看到了开始的意义;就其是否成熟而言,我们知道未成熟的意义。比如,通过思考语言的发音结构,并将其作为社会交流、逻辑思维和艺术表达的工具,我们知道最初含糊的语言的本能和冲动的意义何在。通过观察代数和几何的发展体系,我们知道小孩计数和度量的兴趣所在。最初的一些现象都是预言。要充分地意识到预言及其允诺和潜能,我们不应该孤立而应该全面地看待它。

有人认为,成人经验的结果可以代替小孩的经验,也可以通过教学手段或任何被赋予的外部手段将成人的经验直接注入小孩的意识当中。其实,这些都是对这一原则的误解。它们的价值不在于提供直接材料或教学内容,就像兴趣现象不是教学的终极性标准一样。这种井然有序、安排恰当的经验的功能,就是严密的解释或协调。为了理解、确定儿童表现出来的兴趣的价值，我们必须将其牢记在心。

第三，我们要挑选和决定教学材料，并且使其适应学习的过程。这包括刚刚考虑过的两种观点的相互作用，它们彼此相互作用。孩子的生活是转瞬即变的，而且多少是肤浅表面的，因此我们必须观察他们的整个生长过程。成人意识的客观知识必须从抽象和逻辑的要素中抽取出来，并且将其视为具体个体的生动经验。那时，我们才能知道教学内容和教学手段代表的意义。所谓教学内容就是从其对孩子发展的导向角度看孩子的现实经验，而方法是将内容变成各个个体的现实生活经验。因此，教学的终极性问题是以成熟自然发展的经验为中介的个体经验的重构。

我们有两个相对应的错误：一个是被孩子短暂的或稍纵即逝的兴趣强烈地吸引住了，似乎把它看作是终结性和完成性的，而不是一种新兴的力量；似乎那是一种结果，而不是一种工具；似乎它铸成了一种理想，而不是提出了一个问题。另一个错误就是从科学的观点来看待学习科目，把它看作是课程内容。恰如兴趣现象需要尽可能控制，学习科目的科学内容也需要通过"心理学化"进行转换，将其看作是某些具体个人借助自己的冲动、兴趣和能力所经历的经验。正是这种控制力，使我们从任意的技巧和手段进入有序方法的领域。正是这种对学习科目的的修整和心理学解释，使它们成为孩子教材（lehrstoff）的真正内容。正是由于这种过程的必要性，正是通过将死的客观事实看作个体的思想、感情和行为，从而使它们生机勃勃，我们才可以合理地说课程需要从心理学方面进行考虑。

在把心理学理论运用于当前实际的课程研究中，我想没有人会否认，直到将语言、文学、历史和艺术等反映人性的科目诉诸心理学理论，它才能被完整地理解，才能在教学中得到充分的使用。但是，我们必须再看得远一点，必须意识到，在教学中，我们不能仅仅了解我们所说的语言、创造的文学、存在的历史，而更应该将其看作是个体的活动，看作是个体表达生活的一部分。即使在看起来是研究离个体较远的事物现象的科学中，我们也应记住：就教育而言，我们的工作不是把科学作为固定的事实或真理，而是作为一种经验的方法和态度。在书中表达的、在演讲词中被提到的科学的意思，并不是教学内容。这些形式中蕴含的东西，只是一种索引和辅助工具。它为我们设立目标，即某种思维态度和我们所希望诱导的某种经验。当我们从心理学的角度对其研究时，它会帮助我们达到预期目标；但如果没有心理学的介入，对它的研究只是呆滞的、机械的和死气沉沉的。

实践内容区别于抽象性和可能性内容。它是个人经验的核心，并非仅仅是事实和理论的系统集合。正因如此，课程无论是作为整体，还是具体的科目学习，都要体现心理学的一面。对其忽视和否认，将导致教学理论上的混乱；导致实际教学中对先例和常规的生搬硬套，或者以抽象、形式化的内容代替灵活、具体的内容。

《教育的心理学基础》[1]

哈里斯著,纽约:D·阿普尔顿公司,1898年

哈里斯博士这本新书的题目《教育的心理学基础》(*Psychologic Fourdation of Education*),与书的副标题和扉页相脱离。这容易让人产生误解,使人对书的目的产生错误的看法,进而导致对书的内容的误解。这个标题可能最自然地暗示了作者试图从心理学的假设派生教育,把教育作为一种学科、内容和教学方法之组织化系统。但是,这不是哈里斯博士的意图。这本书的目的更适合用它扉页中的一句话来表达:"我努力表明在文化和学校中更重要的教育因素之心理学基础。"那么,哈里斯博士主要关心的是作为教育先决条件并且进入教育中的心理学因素,而不是教育过程意义上的心理学。

这些因素主要有两种类型。一方面,既然教育的首要事情是个体的生长和发展,那么能够明了认知和行为是如何从低级能力发展到高级活动阶段是很重要的。因此,该书的副标题是"试图揭示心理高级官能的起源"。如果一个人不知道"高级官能强化

---

[1] 初版于《教育评论》,第12卷(1898年6月),第1—14页。未重印。

低级官能的途径，他将企图孤立地培养这些官能，而这将造成学生低级官能活动和发展的封闭状态，妨碍学生一生中智力的进一步发展"。另一种因素与文化心理学有关，尤其是那种能使儿童个体参与到人类精神生活中的与社会相关联的心理发展。谈到它与第一种因素的关系，哈里斯博士将他的观点与"官能心理学"作了对比。后者把某些心理能力看作是基本的、独立的，并且将教育心理学看作是一系列开发这些独立能力的处方。官能心理学者没有看到高级官能是低级官能的进一步后续发展，也没有意识到高级官能是对低级官能的转换和提升。关于第二种因素，哈里斯博士将其与纯粹个人主义心理学作了对比。个人主义心理学忽视艺术和宗教中的、游戏和工作中的、国家生活中的制度对个体的教育性影响和作用。

因此，非常明显的是，教师求助于哈里斯博士的书应该是为了儿童文化和精神的扩充，而不是为了对教育过程的正确模式进行特定的心理学分析。他们从中应该可以获得一种深刻的洞察力，从目的和精神这两个维度考察造就教育之为教育的潜在力量和原理。它的价值还在于找到达到这种深刻见解的路径，它为我们开启了通向个体和社会生活中的绝大部分问题的大门。那些了解著名的哈里斯博士过去的各种各样活动的读者将会发现，这本书融合了作者很长时间致力于并形成的两个重要思想。一方面，它向我们展示了作者在德国大师指导下的对思辨哲学进行系统研究的丰硕成果；另一方面，作者将自己实际参与其中的、把教育作为一种行政制度以及它与其他社会机构的关系研究的最终成果，与我们共同分享。读者从哈里斯博士早期出版的思想著作很容易追溯到该书部分内容的发展过程，这些著作有《思辨哲学杂志》(Journal of Speculative philosophy) 和一些几乎同时出版的记录他作为圣·路易斯学校制度督导的工作报告。

作者将该书分为三个部分：第一部分，心理方法；第二部分，心理体系；第三部分，心理基础。但是，既然哈里斯博士认为，第一部分和第二部分实际上涉及的是同一个领域，并且开始时不成体系，只是不同观点的简单组合，随后的体系更趋严谨和完整；那么，实际上，很容易打破这一顺序而按照以下标题重新安排序列和评论：首先是他的普通心理学的前提假设和立场；其次是他的社会心理学；最后是以上两个部分在教育上的应用。

1. 教育的作用在于促进心理能力的复杂化和进化

哈里斯博士基本的和普遍的原理是自我活动和自我决定。自我活动理论是一种真实完整的和系统全面的理论。它既远离那些被隔离的事物或对象，也与那些将不同的对象捆绑在一起的相互作用的因果关系不同。这样一个整体概念专注于对特定对象的常识性认识和对因果联系的科学判断。两者都以它们所归属的并且在其中生存和发展的整体为前提假设。既然这个根本原理是整体性的，那么，整体一定是构成整体的人的活动和交互作用的起点。在部分中产生的变化，只有在涉及存在于整体中的因果性和创造性能量时才能得到解释。我们把这些能量形式的原始起源称为意志、个性或者自我意识。一个自我活动的整体，只能被界定为一个拥有自己活动目的和原因的主体。

　　这种自我意识的个性之活动遵循自由的规则。当人们以整体的观点考察不同的部分和现象的表现时，外因决定、必然性或者命运意义上的因果关系原理才会发生作用。缺乏自由，只会表现为一种依赖；作为与人迥异的事物只是一个传感器，而不是能量的源泉。正是这种在有限的个人存在中自我证明的绝对人格特征，再生了自我活动的形式；并且参与到活动内容中，由此面向类似的创造性自由。这种自我活动的低级阶段出现在植物中，因为植物腐蚀和同化环境，并且植物的所有活动都是以实现它们的自身发展为目的的。动物的自我活动形式高于植物，因为相对于单纯的营养转化而言，动物的运动能力是一种融于环境的更充分的模式。而且，在触觉活动中，动物的目的和自我发展以一种自然的方式进入自我意识中。在触觉活动中，从动物机体的需要和利益的立场而言，环境被理想地再生和改变。处于初级阶段的触觉活动就具有智力和意志的特点。当自我活动以更充分的形式从触觉活动中涌现且同时又提升了触觉活动时，自我活动引起记忆、语言、概念和判断。它们不仅仅在客观上证明了自我活动的原理，而且有意识地将自我活动作为灵魂和现实世界的本质。在向自我认同进化的过程中，我们发展了具有卓越意志和智力特征的人类个性。哈里斯博士将这种认识自我的能力、抓住任何形式的自我活动的能力，称为内省。

　　这是心理学的哲学基础。它通过内省的方式描摹了心理能力从自我活动和情感的最低级形式向最高级的判断和意志的衰退和进化的过程。教育的目的在于促进这种进化。因此，在高级能力的发生心理和对教育本质的洞察之间存在着紧密的联系。然而，除了这种纯粹的内省式的心理学，我们还有所谓的研究灵魂和肉体关系的生理心理学和儿童研究学。这种理性的心理学研究心理本身的构造和从内在探究自我意识，而生理心理学研究的是精神存在在自然和人的动物本性的条件下的活动，这些条件倾向于在人的发展过程中对人产生迷惑或阻碍。特别值得一提的是，据说儿童研究学在对发育停顿的研究中找到了最有益的研究领域，因为它揭示了低级活动形式阶段中僵化习惯活动的危险。生理心理学只是研究心理现象和身体变化的相互关联。在此，哈里斯博士用了两章的篇幅，对这种关于大脑功能区域的科学研究的一些成果作了梗概介绍；但是，很不幸的是，他在其中过于看重了丘脑（Luys）独创的却令人怀疑的推论。这些推论，正如它们确实表现的，不能服务于任何特定目的。

2. 研究心理能力成长的方法应该是发生心理学

　　如果允许我做一个批判的话，我应该说，这种立场几乎全面地忽视了当前心理学复兴运动中最有特征的方面，这是一个实质性的硬伤。以儿童研究学的内容为例：为什么它的研究应该被限制在消极和病态心理以及发育停顿方面？为什么这种研究在事实上不次于建设性的方面，即心理发展的事实和原则？哈里斯博士认为，心理学和教育中的主要研究内容是理性洞察力和意志控制能力的生长。我们越是同意这种观点，对这种生长的现实和常态的事实进行研究的遗传心理学就越有必要成为任何一种充分的心理学表述的工具。遗传心理学不是对理性心理学的取代和反动，它把理性心理学中的一些几乎模糊的、抽象的和有名无实的命题转译成具体的和可实现的形式。当然，我们离实现这个理想还很远，但可以肯定的是，这种理想是对遗传心理学的关照。对于生理心理学，我们也应该持有同样的原则。将生理心理学简单地看作是对心理现象和生理现象之融合的人肯定很少了。为了自己的发展，生理心理学提供了一种调查和解释心理现象的方法。行文至此，那么，哈里斯博士在解释精神存在发展的理性心理学和仅仅研究这种发展的物质条件的生理心理学之间所倾心砌就的那堵墙，似乎轰然坍塌了。所谓的生理心理学，其实成为了一门用确定的和可控制的方法研究心理自身发展的学科。

就这些术语的有限意义而言，当代学者所追求的现代心理学的主要研究领域，毫无疑问，既不属于生理心理学，又非适合儿童研究学。我们对此该作何评论呢？如何解释哈里斯博士对这个领域的完全忽视？可以肯定的是：当代心理学研究既不是这一术语陈旧意义上的经验主义，仅仅忙于观察和记录大量的事实；也不是在对自我活动、灵魂、情感、判断和意志等一般概念的逻辑分析意义上的理性主义。确实，它的本质特征是试图将两种观点结合，试图抛弃导致这种现象的抽象的二元主义。它试图从对物质的丰富多元和复杂的具体考察中揭示心理生活发展的本质原理。多样化的研究视角，有时候是生物学的，有时候是生理学的，或者是实验的、儿童研究的，或者是病理学的，或者是经验的（传统意义上的）。无论如何，这些是研究起源和生长之核心原则的简单方法或模式。这种行当，无论是在德国、法国、英国，还是在美国，真的是今天心理学研究追求的最突出的特征，不可轻易地放在一边。确实可以说，无所不在的追随者们——虽然人数可能比人们假设的要少，影响力比人们估计的要小——用差不多唯物论的和机械的方法构想他们的研究方法和结果，使他们与精神哲学的兴趣相左。但是，我想斗胆地预言，从长远看，精神哲学关注的问题可能会最安全地托交到正在发展的心理科学研究者的手中；我还要预言，它将把精神哲学的主要观点和结论转化为具体的、清晰可实现的形式，并在不求助于先验主义者的术语的情况下，用我们普通的语言解释它们；我同样要预言，除非唯心主义哲学确实用这种方法强化和自我恢复活力之外，它将变成一门越来越学究化的和武断的学科，退化为对某些形式上的普遍范畴的无力解释。我要特别地向教育者建议这种转化和解释之必要性。对于实践来说，纯粹的普遍原理的认知依旧相对薄弱和无力。虚伪地同意普遍形式的原理而同时又在实践的问题上坚持凭经验估计的方法和纯粹传统的套路：或者任凭对教育一知半解的人之雕虫小技的摆布，这实在是太容易了。我认为，教育最需要的是在正式的普遍原理和特定的细节之间建立联结和过渡的中间地带——这种联系将使普遍原理在阐述和制定特定细节的同时，使自身高效而实用。我相信，这些联结只能在一种心理学中找到。这种心理学，比哈里斯博士的心理学更倾向于实验的和较少的纯粹理性推理的形式。

3. 社会心理学研究团体对个体陋习的改造

非常不幸的是，版面的限制迫使我不得不忽略哈里斯博士的独特心理学，如他的知觉理论和各种不同形式的三段论推理，他的回忆和再认以及概念等方面的理论，而转向哈里斯博士的社会心理学以及在教育上的应用内容。哈里斯博士的社会心理学描述了一种群体生活对高度组织化的持续性的文化资源的参与，以及这种参与使个体意识到潜藏于自身的高级能力。作为纯粹的个体，人类难以超越野蛮。作为个体，他是无关紧要的；作为社会整体，他是充满活力的奇迹。正是通过社会关系，个体从动物的和自然的状态中凸现，成为一个真正的精神存在。在社会关系整体中，个体认同了他和其他人达成的共同目的，且开始为此奋斗。每次这样的合作努力消除了人类在自然存在中表现的一些自私和排外的陋习，使人类对普遍的真正人性有了更进一步的认同和沟通。家庭、学校、世俗社会、国家和教会是这些共同目的和努力的例证。因此，每个个体在其发展过程中，都会对这些例证作出他自己独特的伦理和教育的反应。

哈里斯博士认为，家庭、世俗社会和国家是团体的世俗形式，体现于教会中的审美艺术、宗教和科学是精神的。世俗的机构提供给人们生存的手段，保护或者捍卫人们免于身体的侵犯和伤害。精神机构的目的是把人类绝对理想的进化和自然个体的提升转化为对社会整体生活的参与，从而获得暂时而有限的独立，逐渐地过上一种神圣的生活。这种在术语和本质上的区分，似乎很不幸地使哈里斯博士退回到了中世纪在自然和精神特征上的二元主义。当我们无论是从细节上还是从理论上考虑这个问题时，可以肯定的是，它似乎被迫否认了家庭的精神内容和功能。从表面上看，工业社会可能被简单地看作是对物质舒适和人类富裕的贡献；而更深刻地思考的话，发明和商业是精神文化为了自身的广泛宣传和传播而不得不依赖的主要手段。我发现，正是哈里斯博士本人，将报纸——展示工业社会生活的主要舞台作为一种精神器官，使每个个体对他参与其中的绝大部分生活有了意识。如果我们从人们现有的意识中排除由工业和商业的发展而带来的社会互相依赖和相互作用的话，留给我们的将肯定是一个巨大的空洞。但是，我很难判断哈里斯博士强调这种二元主义的意欲何在。他告诉我们：所有的社会机构都必须把伦理因素作为它的本质而加以考虑，精神团体的形式——艺术、宗教和科学，应该被看作是人类世俗机构的基础和条件。在我看来，如果这种思想能够得以实现，那么世俗和精神机构之间的区别将大量地消失。

在各国的历史心理学中，哈里斯博士分别分析了起源于古希腊、罗马和犹太的现代文明，从中发现了精神的因素。希腊以艺术和文学的形式教育了所有的现代国家。罗马用对自由表达的限制模式，在意志方面教育人们以避免个体与社会整体的冲突。我们把对人之绝对本性的深刻理解归功于希伯来人。他们认为，绝对本性在本质上主要是爱的表达，是人对所有有限的个性和将这些个性提升到他自己的绝对真理和正义高度的兴趣。

接着，哈里斯博士用一章的篇幅论述被认为是反社会秩序的游戏和犯罪心理。社会秩序取代了纯粹动物性的反复无常，而教育就是对这种秩序的采纳过程。在劳动和政治组织中，个体将其特有的天性屈服于社会秩序，但是在游戏中，个体的异想天开、冲动和个性化的倾向得到了全面的关照。节日和体育运动被认为是这种游戏活动从个体到社会的逆向运用。它们是恢复个人自由意识的途径。然而，总的来说，在游戏中，对社会秩序认同的认真态度具有重大的价值。当违反社会秩序的行为固定化之后，它就变成了犯罪行为。

4. 个体通过学校教育的三个阶段和五个协调科目群发展心理能力

我们现在谈谈更具体的教育应用问题。每个机构都有它自身的教育功能，即通过在整体的人类发展过程中不断地阐述和保存文化，丰富人的精神生活，使个体脱离动物性状态，实现人的精神潜能。毋庸置疑，学校是这些教育性机构之一。当儿童的兴趣集中在学习家庭之外的社会方式时，学校就出现了。学校的目的在于使他开始学习如何与同侪群体进行互动的细节，使他熟悉蕴含在文化之中的观念，并且将其作为必须使用的思维工具去观察和理解他周围的人类生活之发展状态。这种观念通过应用到学校生活的不同阶段，通过研究学习科目的内容而得到进一步扩大。

当儿童完成了这种发展的模仿阶段，开始了语言的使用，掌握了一定量的外部世界知识时，他就具备了观察世界的能力，感受到理想的可能性并为理想的实现而行动。这表明他已经步入了符号阶段。此时，用于体现和传达思想与价值的是物质和意象，而思想和价值自身不可能被反映。可以说，这标志着从感官阶段转向思维阶段。就教育而言，感官阶段是幼儿园阶段。

传统上，人们普遍认为，儿童通常在七岁的时候进入符号阶段。儿童现在意识到，他是一个具有自身独特责任和义务的个体。因此，他需要自我帮助的工具，需要掌握人类学习的常规，需要学习读、写和算。这是学校教育的小学阶段，其目的在于获得各种各样的智慧工具，帮助儿童达到种族发展所要求的智力水平。这种学习过程主要关注儿童对读、写、算符号的掌握，以及区分各种出现在计数、地理、文法和历史科目中的术语。而且，这个阶段的教育还大致处于儿童认识的初级阶段，也就是说，儿童整体上处于仅仅能够感知个别的事情或对象，而不是事物之间的关系或因果原理。因此，他对人类学习世界的看法是呈碎片状的，还不能深刻理解事物之间的相互关系。

中等教育始于儿童14岁左右。处于这个阶段的儿童，开始把物质和事件看作是过程中的一部分，关注更本质的关系以及力量和规则。儿童从一成不变的结论中走出来，转向探究事物产生的鲜活过程。高等教育建立在认识的第三阶段基础之上。它传授人类学习的整体，揭示所有的分支科目如何形成一个联结的整体，解释学科之间彼此的互通性，能够使儿童在精神经验的整体世界中看到各门学科的功能。这就使得学习具有了一种伦理价值，指明了学习与生活行为的关系，从而将知识转化为智慧。

谈到学习内容，我们必须认可五个协调的科目群。它们必须在教育的每个阶段展现。这五个科目群的心理学意义被有些抽象地比喻成通向灵魂的五扇窗户，开启了人类生活的五大领域。灵魂通过其中的两扇窗户探视自然：一扇包括数学和物理，它们是自然的形式或者时空部分；另外一个是用自然史、生物和地理形式表现的世界，是自然的真实场景。其他三扇窗户透视了人类生活的不同方面。历史是人类意志的展现。语言和语法是智力的结构框架。文学汇集了人们所有的内心生活、志向和理想之间的一致性以及行动，无论是外显的行为，还是对生活的解读。

5. 未来教育理论和实践的方向应该是关注经验、整体和过程

总而言之，我只能够对关于学校体系的阶段和不同的科目群之哲学发表一些在头脑中产生的某些想法，并提出一些质疑。哈里斯博士有关小学、中学和高等教育的理论，是对现行教育实践的恰当描述。对此，总的来说，我是同意的。确实，我应当说，作者在揭示当代教育组织中的内在基本原理上，展现了极强的表达能力和深刻的洞察力（哈里斯博士处理具体学科内容问题的特点）。但是，当用如此简洁的语言揭示事物真相时，事物的内在

缺陷似乎暴露得更加明显了。小学阶段的教育应该一直集中于学习互动的技术性符号，竭力获知关于自然界和人类的碎片状信息，我对此难以置信。在当前小学教育中，最重要和最进步的教育是摆脱这些传统，与和纯粹知识符号完全不同的经验事实进行主动和第一手的接触，朝向更积极的精神内容。在这种情况下，对哈里斯博士将他的理所当然的权威以这种似乎过度的保守甚至倒退的路径表达出来，我深表遗憾。

我非常怀疑哈里斯博士为建立他的学说，如知识的三个阶段等，而在此提供的心理学证明能否经得住考验。心理的初始态度和兴趣是不是诸如割裂的事物，或者彼此不相关的细节，无论在理论上还是在可观察的事实上都很容易让人怀疑。正如哈里斯博士自己经常承认的，孤立的行为本质上是一种抽象，它包括反思的开始。正如他还提到的，在符号化阶段，儿童的早期心理特征与其说是分析的，不如说是合成的。在这个阶段，他无疑对作为整体出现的整体感兴趣，而呈碎片状意义上的孤立事物无疑是令人厌恶和使人不愉快的。正是这个活动领域、这个情境和这个故事，具有说服力和吸引力。细节被忽视，除了当其实现整体的意义和精神时。在某种程度上，儿童早期的心理态度极为近乎哲学意义上的兴趣。当然，它是粗糙的和幼稚的，但是这种注意的自然天赋通向结果、目的和活动的精神，而不是通向细节。将细节当作细节来观察，这种朝向隔离和限定的活动是将心理朝向相互关系和相互依赖的活动之对立面。就"细节"和"普遍的"两词的严格意义而言，对揪住细节的兴趣和对把握普遍过程的兴趣，是同一个反思行动的两个极端。心理不是由细节通过相互关系达至整体，而是通过相互关联的具体化和普遍化从对模糊整体的理解达到系统化的整体。由此，教育的第一个阶段的目的不是将儿童与碎片发生联系，而是与典型的和大量的人类经验发生联系，主要以提纲的简要形式出现，关涉经验普遍的精神。幸运的是，理论和恰当的实践之间的一致性很强；如果没有这种自然的一致性，人们很可能说，小学阶段的教育目的是在对抗技术性符号上的隔离和过早的专门化倾向。在一个民主的国家，我们无法容忍95%的儿童不能接受道德教育和失去将知识转化成智慧的教育影响。这种教育的影响被截留下来，留给了能够上大学的精英。

现在，我就学校科目的分类理论作简单的评论。难道协调不包括系统的相互关系吗？建立五个连续的、相互支持的科目群是协调活动吗？协调活动意味着一个功能的整体呈现。如果考虑到这个特点的话，那么任何一个科目群体呈现的仅仅是分工，而且这种分工只有当大部分器官活动彼此相互作用时才能够被实现吗？或者，从实践的角度来说，如果不从地理中剥离主要的兴趣来源、不从历史中剥离叙述框架的话，地理和历史如何能够彼此分开？至少在小学教育阶段，数学和物理难道不是相对无力的抽象表述吗？除非认定它们不仅仅是彼此相互发生作用，而且是与个体和社会的建构性过程相互作用。把语法和语言科目作为智力结构的主要"仓库"，而忽视它们是当代科学研究模式和证明的重要逻辑工具，这难道不是一种矫揉造作吗？通过学习语言中相对僵死的知识，或者通过在发现和表述真理中对语言知识的封闭而固定的使用，一般的儿童就能够理解和意识到理性的规律吗？在不可能高估个体对社会的精神依赖的情况下，哈里斯博士有点忽视了民主社会。听命于现代科学，民主社会能够在什么样的程度上将保持社会精神兴趣的方法交到个体的手上，并且又能够在什么样的程度上将个体从对社会产品的直接依赖的必要性中解放出来？如果真是如此，与关于社会产品的知识相比较而言，对过程的现实把握甚至从一开始不就应该比现在更受到重视吗？对我来说，这些问题揭示了未来教育理论和实践的发展方向。沿此，无论是哈里斯博士对个别课程的评价还是关于课程彼此关系的理解，都将倾向于被改进和修正。

在书中，哈里斯博士比教育领域中任何一位响当当的人物更清晰地表达了一种信念——把哲学作为一种整体观，与实践行动彼此处于最亲密的关系之中；还有，每门科学在付诸实践生活应用之前必须具有一种哲学的形式。这种哲学与实践的结合，是理解哈里斯博士著作的一把钥匙。哈里斯博士长久以来不仅用理论的形式，而且从各个方面不断努力地将哲学应用于对生活的指导之中，用一种蕴含着哲学思想精华的整体观去把握现实生活。从这个意义上说，其实这本书本身就是阐述这一信念的不朽之作。

想象力与表达[①]

1. 绘画是观念和技术在表达上的统一

很显然,艺术表达的教学在开始的时候遇到的阻力最小,就外部的结果和对个体学生的教育者而言是有效的。这种有效性是看其在何种程度上把教学的基础建立在提供表达动机的心理冲动上。要知道,仅有一个好的开始还远远不够。如果我们希望教育有成效,这种冲动必须被指导,必须被充分地利用起来。因此,如果我用某种专业的心理学术语讨论表达动机是什么意思,讨论在实现冲动的过程中所发生的一切的话,我请求你们理解我。我们经常赞美艺术,也清醒地意识到艺术培养的重要性;但是,我们几乎没有明确地、有目的地尝试把艺术过程转化为心理机制术语——也就是说,转化为引起和产生如此表达的心智过程。在着手进行这种转化的尝试时,我将选择绘画这种艺术表达的类型作为讨论的基础。至于原因,我想这无须多作解释。

我们可以从观念和技术之间熟悉的区别开始进行分析。每种

[①] 部分内容首次发表于《西方绘画教师协会第三年度报告》(1896年);全文首次发表于《幼儿园杂志》,第9卷(1896年9月),第61—69页。未重印。参见文本出版历史的注释。

表达模式，无论多么呆板，无论多么奇异，无论多么表面化，都有其两面性。设计师设计房子的图纸，工程师建造机器的设计蓝图，都必须表达出一种观念。一系列用尺子绘出的线索，也可用以表达观念。小孩最粗糙画笔下表达的"山胡桃树一码头"（"Hickory-Dickory-Dock"）也有他自己的技巧[①]——实现的模式。同样清楚的是，在这种表达的过程中，最基本的功能属于观念，其次才属于技术。两者是内容与形式的关系，好比传输的材料和传输的模式，可以比作是做什么和如何做。唯恐这句话被误解，因为我似乎常常被误解，必须补充说明的是：一个是最终的目标，另一个只处于从属的地位；一个是结果，另一个是方法。这样说并不必然意味着，只需要关注其中一个，另一个可以忽略。我们从这种技术从属于观念的表述中所推导出的是一种标准，但它不用以判断对两者的关注程度，而是判断关注偏好的理由。如果一个人对观念，即对要表达的事物非常感兴趣的话，而正是因为这个缘故，他必须对表达的模式感兴趣。在形式或者过程上不能引起人足够兴趣的事物，在内容上总是粗糙、模糊、不真实的。我们对表达的兴趣，必须与观念中兴趣的强度和控制相适应。但是，另一个方面，这种对观念的兴趣，对要讲述的故事的兴趣，对意识到的思想的兴趣，是对技术产生艺术兴趣的唯一基础。表达的模式与要表达的事物相隔离是空虚和虚假的，也是单调和僵化的。

---

① 这种解释是基于无意识和有意识技术之间的区别而言的。

2. 绘画中观念和技术统一的心理学解释

我从一开始就阐述这种观点，是因为我要大家清楚绘画教学在实践和理论上的难题。在身体和心智上、目的和目标上抽象出技术，掌握某种工具，都相对简单；从映象和故事开始，允许它们找到自己独立的表达出口，在观念优于技术的主张下，不仅仅要允许粗糙和未充分发展的结果通过——因为结果自身是不重要的，而且要鼓励天然而未定型的表达习惯成长——因为它自身是不重要的。通过媒介是一条如此困难的追寻之路——一条通往艺术正当性的笔直而狭窄的路——它不进入这两条道路中，而是一方面要努力对内容发生兴趣，使这种兴趣变成丰富的、超越于自我表达模式的印象，使对技术的全部兴趣发挥并非孤立的作用；在另一方面，它承认有使表达模式反作用到观念中的必要性，使它更少模糊，更多确定；更少冒险，更多准确；更少产生暂时的、未发展的兴趣和思想，形成更多成熟的反思和综合性的兴趣。

这就是我们通常所说的实践的难题。现在，我们讨论相对应的心理学问题。什么与观念相对应？什么与自然心理过程中的技巧相对应？它们是怎样彼此关联的？它们是怎样以彼此互助的方式相互作用的？我们显然不能接受对这个问题过分简单的回答。我们不能说观念是富有想象的，是精神上的，而与技术相对应的是物质的、机械的。简化这个问题的答案，是以真实为代价的。用以表达形式或者模式的心智事件，差不多就是观念的意象。问题不在于精神意象与表达的身体器官之间的关系，而在于一种意象与另一种意象的关系。由于这可能是对问题的不寻常表达，因此我们必须承认，不管怎么样，正是因为整个过程是一种意象，即该问题在教育意义上才是可解答的。如果一方面，观念只是单纯想象的问题，技术只是眼睛和肌肉对问题的准确和精细的身体控制的话，那么，我们永不能真实地协调问题中的这两个因素；我们将被迫在两方进行选择，或者我们尽所能地作出妥协。

在我说技术的层面只是意象问题的时候，指的是心理学家们所指的运动意象。这是众所周知的一个事实，即各种各样的意象都有充溢运动管道的倾向，因而有一种通过活动和经验复制的倾向，或者是有一种在表达中生出意象所获得的内容并且将其同化成观念的倾向。更进一步而言，我指的是这个事实，肌肉运动的表达不是用某个已经在思维中的观念进行表现，而必然是理解这个观念本身。如果所有的教育实践，不仅仅是艺术教育，存在另一种原则基础，这恰恰是在活动中通过媒介实现观念对观念本身的丰富性、确定性和生动性都是必要的。我们无法坐而论道观念及其表达；表达不仅仅是传达已经形成的观念的一种方式，它是观念形成的重要部分。所谓的机械状态对精神状态的完整性是必要的。教育学和哲学一样，已经遭受这一观念的毒害，即思想本身是完整的，行动作为思想的表达是身体的事情。我们现在逐步接受的是：只有在行动中且只有通过行动，思想才能被思想着。

接下来，我们要讨论绘画的自然心理起源和表达的所有其他形式。每个意象都有一种过渡为行动的倾向；怠惰的意象，即不通过行动手段而企图自我证明的意象，是不存在的。在后天的生活中，我们学会了阻止如此多的建议转化为行动，学会了延迟表达其他许多的建议。虽然这个基本的法则已经变得有些模糊了，但是对儿童生活和成长的研究在纯度和强度上都显示了它；同时还表明，抑制意象的表达以及延迟意象转化为行为是一种习得的习惯、一种后天的获得物。在早期，每种意象在行动手段中保证自我实现的倾向，可以在儿童游戏和不间断地迫切渴望交谈中见证；他有述说每一件事和交流的冲动。对游戏的充分讨论，将使我们游离于本文行文的意图之外；但可以肯定的是，它的基本意思证明，游戏所提供的单纯吸收、积累和印象是不够的；还有，它永不可能提供整体的或者自足的心智条件，而是要求通过转化为活动在表达中实现它。游戏对儿童的观察要求相对较少，由此可以说，除非儿童已经做了，否则他没有掌握任何印象或者观念；由于印象是外在的，因此在儿童通过把印象转化为他自己活动的形式从而将其据为己有之前，对印象的感觉是不充分的和不令人满意的。通过对印象的复制，他形成了自己的观念，使它们真正成为他自己的一个部分——这种复制是字面的，而不是隐喻的。在真正地接受观念于内之前，他先将观念付诸行动之外。在幼年，这种过程在不间断地搬运、拖拉、打洞钻孔和抛扔他所接触到的客体之中，在他的不断模仿中得到证明；作为一个观察者，儿童光看和听远远不够，当他复制所看和听的客体时，他就掌握了它们，而这对他来说就是创造。除此以外，我们不知道如何解释他的模仿本能。后来，这个原则可以在以下事实中得到证明，即每个客体都刺激他用某种方式去使用它，如果他不戴上帽子，他就不能明白帽子的含义；如果他不想打开或者关上抽屉，他也就不理解何为抽屉；如果他不想要钱夹，他也就无法理解钱夹，等等。后来，这种通过行动的认识，在通常所说的游戏中得到证明。在他对所处的自然和社会世界的建构性活动中，他落实了这个原则。

3. 绘画表达的整体吸收原则和技术无意识原则

在转向我们正在讨论的绘画表达方式之前，还应该提及两个原则。其中一个原则就是在我们后来分别所说的意象和技术的阶段中的整体吸收原则。在早期的复制活动中，非常明显的是儿童存在着意象和表达两个方面。意象只存在于表达中，表达就是动态的和激发自我活力的意象。技术是无意识的，它在意识中没有单独的价值。与是什么不同，它对怎么样没有兴趣。

儿童生活中自然产生的优雅和美丽就在于意象和表达之间的平衡是完整的，但尚未达到在要实现的目的和实现目的的手段以及随后的努力和反思之间进行分析和区别的阶段。另一个原则就与这点紧密相关。对儿童而言，富有活力的观念不是客观的存在，不是某种他考虑或者看待的事情，而是他生活于其中的事情。换句话而言，它就是他当时的全部自我和生活。这种意象中的整体吸收是真正游戏的检验和标志。任何把观念丢弃在原地，或置观念于原地而不理的行为都置观念于生命之外，它或者表明儿童正遭受着强迫,儿童脱离游戏现实而经历着形式,或者表明,如果它是正常的话,他超越了游戏而进入了工作阶段。再重申一遍这两个相关的原则:其一是对技术的无意识,或者缺乏对采用方式的意识,脱离了正在做的事情;其二是主体完全专注于行动。我们在考虑比游戏更正规的艺术表达的教学开始阶段,必须时刻记住这两个原则。

然而,绘画作为游戏的发展,标志着一种不断增长的抑制或者控制。起初的全部意象,通过发散或者扩展的原则游走于全身的器官中。绘画表明了对某些通道的限制;而且,它更直接地受眼部意象而不是整体的经验所指导。由此,它相对昭示着一种分析。然而,即使如此,我们也必须承认完整性原则只是相对存在着区别罢了。

在初期,绘画通过手的作用将儿童有趣的生活经验归还到眼部视觉而成为强化和持续这种经验的手段。起点必须而非应该是富于想象力的。即使在画具体的物体时,儿童画的也是他意象中的物体,而不是物体本身。从物体到儿童的运动神经和手的唯一通道,是儿童对物体的心智描述。由此,对物体的利用必须有助于建构映象,其他的途径和手段只会造成对外界的依赖。它不仅将导向卑屈,而且通过分解意象还导致机械。而且,从物体在儿童生活中和使用中的作用角度以及物体所拥有的价值立场而言,当儿童对物体感兴趣的时候,他不是将物体作为物体,而是将其作为在生活事件中的因素。因此,儿童在开始看待物体时,其所用的视觉现象术语和触觉术语不一样,后者对物体的直接经验价值表现得更充分，活动得更直接，而前者似乎表现的是更间接的符号价值。无论如何，物体是作为功能、服务、意图，而不是作为单纯的物体来理解的。正是这个原因，被当作目标的图画显得如此粗糙。它缺乏比例以及空间形式和结构的确定性。儿童意识不到所有的这些缺陷，因为他面对的不是纯粹外在的作品，而是使他感兴趣和抓住了他注意力的完整心理图像。

把修正这种粗糙和完善图画作为目标的话，就意味着逐步发展技术意识——把描述不仅仅看作整个经验的，而且是眼部视觉产物的能力；把眼部描述作为标准来控制手部运动的能力。这包括一定的分离和抽象。眼部活动及其产生的结果，必须从与触觉的紧密统一中摆脱出来。一种新的语言，视觉—触觉—行为语言必须代替视觉语言。

从心理学上而言，所发生的是对看待它如何发生的经验的回报，是该经验的再建构，是在对手段的意识的基础上对手段的修改。一致的规律是：首先做，然后意识到如何做；接着，这种方式返回来丰富和发展它的经验，即一种更完全、更有趣味的行动。

由此，因为实践心理学的确定性，我可以判定绘画教学中的技术和图画之间关系的以下原则。教学起点必须是一些充满想象力的自由的表达，其所展示的经验和表达的过程对儿童而言，有着各自恰当的价值。对技术的意识必须来自表达中，在表达中生长，在表达之中形成自己的意义。技术中的每一进步必须立刻得到应用，以使表达获得更进一步的发展，想象力更为丰满。

4. 提高绘画表达技术的建议

恰恰是在对这些原则的参照中，当前的绘画教学手段将受到来自心理学家的更多批评。从把结果或者目的仅仅是作为目的的立场而言，绘画教师、教材编写者也许是很自然地对优秀的绘画作品产生兴趣，由此，他们就孤立了技术或者使这种优秀的外部作品出世的手段，将其注意力集中于此就相对忽视了儿童的心理条件，忽视了使意象自由发挥作用的条件。但是，那些对绘画感兴趣的人，我指的是那些不是将绘画作为目的而是明白绘画在总体上对教育具有重要性的人，必须坚持心理学与该学业的相关性，必须坚持把技术的功能看作是对富于想象力表达的附属，看作是一种表达向另一种表达转换的影响。

以下发展技术的手段可能意味着技术的恰当地位。

第一，首先并且总是偶尔评论富有想象力表达的作品。粗略的图画不能充分地表达儿童自己的意象。在某些方向上，它远远达不到；在另一些方向上，它又歪曲了。问题和建议将使儿童意识到他想做的与他实际所做的之间的距离。这使他转回来审查他的意象，反思它，更准确地界定它，使他注意到错误的和充分的表达之间的差别。当儿童形成了审视自己作品的习惯，形成了把它们与他的原始意象进行比较的习惯，形成了相互参照进行批评（没有不适当地使他气馁并由此放弃）的习惯，从原则上而言，他们对技术的战斗就取得了胜利。

第二，与自然研究有关的绘画，提供了发展技术的明确性和准确性的最佳手段。为了使整体的观念得以实现，有必要在确定的而不是偶然的关系上想象部分。但是在这一点上，特别是对儿童而言，有必要牢记：最初的兴趣不是在于目的的外在表现，而是在于功能、使用、审美特征及其与生活的关系。

第三，与历史、建筑的复制品有关的绘画标志对粗糙和模糊产品进行修缮的一种正常的和内在的需求。

第四，审美的兴趣在儿童心中是很强烈的，它可以在与装饰性的设计和建构关系中得到利用。但是，这个原则经常在名义上得到遵照，而在事实上却被拒绝。教师仅仅知道艺术作品中包含着这样一个装饰性的主旨是不够的，对儿童而言，它必须是真正的装饰。单纯的图案模式不像在儿童自己的代表作封面上作为装饰的图案那样，对他的吸引力那么强。

第五，无论哪方面的手工训练，在儿童活动的发展上，都有必要提出恰当的技术问题。

第六，儿童的学习方式还包括对其他人所采用的手段，偶然且主要是无意识的模仿。在有关教育的世界中，在无意识地同化其他受过更好训练的人掌握的方式与机械和死板地仿冒那个人的工作之间，有着很大的不同。前者是模仿过程并倾向于解放儿童的能力，后者是模仿产品并倾向于丧失自我。绘画是一种语言，如果不是完全循规蹈矩的话，通过审视他人为了获得确定性的结果而对材料和工具的操纵方式，一定可以学到许多。因此，在儿童面前完成的优秀绘画作品具有巨大的价值，他们的有意注意是在绘画上，而不是在教师上。我可以肯定的是：通过简单地复制一些优秀的、显示了伟大的艺术家是如何获得明确效果的山水画，可以取得很大的成就。画山水画本身就是一件非常复杂的事情，儿童需要帮助才能欣赏和想象山水画。优秀的作品提供了这种帮助，正如伟大的文学有助于诠释生活的复杂情景。如果有人复制了这些美图，简化它们的轮廓和阴影，保持突出点和典型的神韵，那么，它将为我们的学校工作作出有效的服务。

这些建议没有什么新的内容，但心理学家们所迫切要求的是在恰当的地方使用其中的任何一个原则。应当矫正的弊病是技术的抽象，要使它在现实中成为一个指向真实目的的工具——自由表达——本质上的目的。心理学迫切要求的是：注意力必须集中在一个需要的事情上，集中在完整心智意象的呈现和建构上，在本质上拥有自我的价值和意义；心理学还极力主张在表现和建构中，要把技术看作是一个帮助者，而不是孤立的一种事物。

教育中的审美因素[①]

这个题目的意思，是指在所有教育中而不是在某一些学习科目中的某种特征。

（1）反应性，对观念和行为的情绪反应是道德特征中的必要因素。

（2）反应性在知性训练中也是一个必要的因素，在面对实际情景时敏感而迅速地作出判断。

（3）审美因素的重要性，在于它训练了个体在这些方向上对有效性保持自然的敏感性和易感性。个体以情绪的方式作出反应是一种天然的倾向，但这种自然的禀性需要训练。在感觉迟钝和天生笨拙的人心中，它需要被牵引；在那些天生具有易感性的人心中，除非它以确定性的方式发挥作用，否则它可能呈现一种病态和夸张的形式。

（4）在审美经验中，特别适应于提供恰当训练的因素是平衡和节奏。平衡暗示着不以牺牲经验的丰富性和自由为代价的控制或限制。它既对立于随意的和无方向性的行为，也对立于被压

[①] 本文首次发表于《全国教育协会演讲和科研论文集》，1897年，第329—330页。未重印。

抑的和未发展的行为。节奏包含着一连串行为中的规律性和经济性。平衡和节奏是同一体中的不同形式：节奏是时间的，平衡是空间的。

（5）因此，审美因素应当把个体表达和欣赏的自由与被表达内容中的原理和规则结合在一起。把艺术创造的观念延伸到各种各样的工作中是可能的。

（6）当代教育理论和实践相对而言，较为强调实践控制中的意志力训练和信息掌握中的智力训练，但是对应答性训练强调得太少了。我们需要更多地回到古希腊的概念中，它把教育界定为快乐的附属和正确地面对正确的目的和理想的痛苦。这种理想过于强调情绪因素，但是，我们现在却走到了与它对立的极端。

第二部分

教育哲学

历史和文字是儿童与种族在教育中通过儿童经验产生相符性的基础

随着条件的变化,阅读和写作不再是获取知识的唯一工具

社会、智力和工作条件变化对获取知识的影响

阅读教学方法错误的本质是远离儿童的心理需求

我的教育信条[1]

第一条 什么是教育

我认为一切教育都是通过个人参与人类的社会意识而进行的。这个过程几乎是在出生时就在无意识中开始了。它不断地发展个人的能力，熏染他的意识，形成他的习惯，锻炼他的思想，并激发他的感情和情绪。由于这种不知不觉的教育，个人便渐渐分享人类曾经积累下来的智慧和道德的财富。他就成为一个固有文化资本的继承者。世界上最形式的、最专门的教育确实不能离开这个普遍的过程。教育只能按照某种特定的方向，把这个过程组织起来或者区分出来。

我认为唯一的真正的教育是通过对于儿童的能力的刺激而来的，这种刺激是儿童自己感觉到所在的社会情境的各种要求引起的，这些要求刺激他，使他以集体的一个成员去行动，使他从自己行动和感情的原有的狭隘范围里显现出来；而且使他从自己所属的集体利益来设想自己。通过别人对他自己的各种活动所做的

---

[1] 本文首次发表于《学校期刊》（1897年1月），第77—80页。参见文本出版历史的注释。

反应，他便知道这些活动用社会语言来说是什么意义。这些活动所具有的价值又反映到社会语言中去。例如，儿童由于别人对他的呀呀的声音的反应，便渐渐明白那呀呀的声音是什么意思，这种呀呀的声音又逐渐变化为音节清晰的语言，于是儿童就被引导到现在用语言总结起来的丰富的观念和情绪中去。

我认为这个教育过程有两个方面：一个是心理学的，一个是社会学的。它们是平列并重的，哪一方面也不能偏废。否则，不良的后果将随之而来。这两者，心理学方面是基础的。儿童自己的本能和能力为一切教育提供了素材，并指出了起点。除了教育者的努力是同儿童不依赖教育者而自己主动进行的一些活动联系的以外，教育便变成外来的压力。这样的教育固然可能产生一些表面的效果，但实在不能称它为教育。因此，如果对于个人的心理结构和活动缺乏深入的观察，教育的过程将会变成偶然性的、独断的。如果它碰巧能与儿童的活动相一致，便可以起到作用；如果不是，那么它将会遇到阻力、不协调，或者束缚了儿童的天性。

我认为为了正确地说明儿童的能力，我们必须具有关于社会状况和文明现状的知识。儿童具有自己的本能和倾向，在我们能够把这些本能和倾向转化为与他们的社会相当的事物之前，我们不知道它们所指的是什么。我们必须能够把它们带到过去的社会中去，并且把它们看作是前代人类活动的遗传。我们还必须能把它们投射到将来，以视它们的结果会是什么。在前一个例子中，正是这样能够在儿童的呀呀的声音里，看出他将来的社会交往和会话的希望和能力，使人们能够正确地对待这种本能。

我认为心理的和社会的两个方面是有机地联系着的，而且不能把教育看作是二者之间的折中或其中之一凌驾于另一个之上而成的。有人说从心理学方面对教育所下的定义是空洞的、形式的——它只给我们以一个发展一切心能的观念，却没有给我们以怎样利用这些心能的观念。另一方面，又有人坚决认为，教育的社会方面的定义（即把教育理解为与文明相适应）会使得教育成为一个强迫的、外在的过程，结果把个人的自由隶属于预定的社会和政治状态之下。

我认为假如把一个方面看作是与另一个方面孤立不相关而加以反对的话，那么这两种反对的论调都是对的。我们为了要知道能力究竟是什么，我们就必须知道它的目的、用途或功能是什么；而这些，是无法知道的，除非我们认为个人是在社会关系中活动的。但在另一方面，在现在的情况下，我们能给予儿童的唯一适应，便是由于使他们充分发挥其能力而得到的适应。由于民主和现代工业的出现，我们不可能明确地预言二十年后的文化是什么样子，因此也不能准备儿童去适合某种定型的状况。准备儿童使其适应未来生活，那意思便是要使他能管理自己；要训练他能充分和随时运用他的全部能量；他的眼、耳和手都成为随时听命令的工具，他的判断力能理解它必须在其中起作用的周围情况，他的动作能力被训练到能达到经济和有效果地进行活动的程度。除非我们不断地注意到个人的能力、爱好和兴趣，——也就是说，除非我们把教育不断地变成心理学的名词，这种适应是不可能达到的。

总之，我认为，受教育的个人是社会的个人，而社会便是许多个人的有机结合。如果从儿童身上舍去社会的因素，我们便只剩下一个抽象的东西；如果我们从社会方面舍去个人的因素，我们便只剩下一个死板的没有生命力的集体。因此，教育必须从心理学上探索儿童的能量、兴趣和习惯开始。它的每个方面，都必须参照这些考虑加以掌握。这些能力、兴趣和习惯必须不断地加以阐明——我们必须明白它们的意义是什么。必须用和它们相当的社会的事物的用语来加以解释——用它们在社会事务中能做些什么的用语来加以解释。

第二条 什么是学校

我认为学校主要是一种社会组织。教育既然是一种社会过程，学校便是社会生活的一种形式。在这种社会生活的形式里，凡能最有效地培养儿童分享人类所继承下来的财富以及为了社会的目的而运用自己的能力的一切手段，都被集中起来。

因此，我认为教育是生活的过程，而不是将来生活的预备。

我认为学校必须呈现现在的生活——即对于儿童说来是真实而生气勃勃的生活。像他们在家庭里、在邻里间、在运动场上所经历的生活那样。

我认为不通过各种生活形式，或者不通过那些本身就值得生活的生活形式来实现的教育，对于真正的现实总是贫乏的代替物，结果形成呆板而死气沉沉的局面。

我认为学校作为一种制度，应当把现实的社会生活简化起来，缩小到一种雏形的状态。现实生活是如此复杂，以致儿童不可能同它接触而不陷于迷乱；他不是被正在进行的那种活动的多样性所淹没，以致失去自己有条不紊的反应能力，便是被各种不同的活动所刺激，以致他的能力过早地被发动，致使他的教育不适当地偏于一面或者陷于解体。

我认为既然学校生活是如此简化的社会生活，那么它应当从家庭生活里逐渐发展出来；它应当采取和继续儿童在家庭里已经熟悉的活动。

我认为学校应当把这些活动呈现给儿童，并且以各种方式把它们再现出来，使儿童逐渐地了解它们的意义，并能在其中起着自己的作用。

我认为这是一种心理学的需要，因为这是使儿童获得继续生长的唯一方法，也是对学校所授的新观念赋予旧经验的背景的唯一方法。

我认为这也是一种社会的需要，因为家庭是社会生活的一种形式，儿童在其中获得教养和道德的训练。加深和扩展他的关于与家庭生活联系的价值的观念，是学校的任务。

我认为现在教育上许多方面的失败，是由于它忽视了把学校作为社会生活的一种形式这个基本原则。现代教育把学校当作一个传授某些知识，学习某些课业，或养成某些习惯的场所。这些东西的价值被认为多半要取决于遥远的将来；儿童所以必须做这些事情，是为了他将来要做某些别的事情；而这些事情只是预备而已。结果是，它们并不成为儿童的生活经验的一部分，因而并不真正具有教育作用。

我认为道德教育集中在把学校作为一种社会生活的方式这个概念上，最好的和最深刻的道德训练，恰恰是人们在工作和思想的统一中跟别人发生适当的关系而得来的。现在的教育制度，就它对于这种统一的破坏或忽视而论，使得达到任何真正的、正常的道德训练变为困难的事情或者根本不可能。

我认为儿童应当通过集体生活来使他的活动受到刺激和控制。

我认为在现在的情况下，由于忽视了把学校作为社会生活的一种方式这个概念，来自教师的刺激和控制是太多了。

我认为教师在学校中的地位和工作必须按同样的基本观点来加以阐明。教师在学校中并不是要给儿童强加某种概念，或形成某种习惯，而是作为集体的一个成员来选择对于儿童起作用的影响，并帮助儿童对这些影响作出适当的反应。

我认为学校中的训练应当把学校的生活作为一个整体来进行，而不是直接由教师来进行。

我认为教师的任务仅仅是依据较多的经验和较成熟的学识来决定怎样使儿童得到生活的训练。

我认为儿童的分班升级的一切问题，都应当参照同样的标准来决定。考试不过是用来测验儿童对社会生活的适应能力，并表明他在哪种场合最能起作用和最能接受帮助。

第三条　教材

我认为儿童的社会生活是他的一切训练中生长的集中或相互联系的基础。社会生活给予他一切努力和一切成就的不自觉的统一性和背景。

我认为学校课程的内容应当注意到从社会生活的最初不自觉的统一体中逐渐分化出来。

我认为我们由于给儿童太突然地提供了许多与这种社会生活无关的专门科目，如读、写和地理等，而违反了儿童的天性，且使最好的伦理效果变得难于实现了。

因此，我认为学校科目相互联系的真正中心，不是科学，不是文学，不是历史，不是地理，而是儿童本身的社会活动。

我认为教育不能在科学的研究或所谓自然研究中予以统一，因为离开了人类的活动，自然本身并不是一个统一体；自然本身是时间和空间里许多形形色色的东西，要自然本身使它自己作为工作的中心，那便是提供一个分散的原理，而不是集中的原理。

我认为文学是社会经验的反映和阐明；因此，它必须产生在经验之后，而不是在前。因此，它不能作为统一体的基础，虽然它可以成为统一体的总和。

我还认为历史就它提供社会生活和发展的各个方面来说，是具有教育价值的。它必须参照社会生活而加以控制。假如只简单地作为历史来看，它便陷于遥远的过去而变成僵死的、毫无生气的东西。历史如被看作是人类的社会生活和进步的记录，那就成为有丰富意义的东西了。但是我认为，除非儿童也被直接引入社会生活中去，否则对于历史是不可能这样看的。

所以，我认为教育最根本的基础在于儿童活动的能力，这种能力是沿着现代文明所由来的同一的总的建设路线而活动的。

我认为使儿童认识到他的社会遗产的唯一方法是使他去实践那些使文明成其为文明的主要的典型的活动。

因此，所谓表现和建设的活动便是相互联系的中心。

这便给予学校中烹调、缝纫、手工等的地位以一个标准。

我认为这些科目并不是附加在其他许多科目之外，作为一种娱乐、休息的手段，或者作为次要的技能的特殊科目而提出的。我更相信它们是代表社会活动的类型和基本形态的；而且，通过这些活动的媒介把儿童引入更正式的课程中，这是可能的，也是值得向往的。

我认为科学研究就它显示了产生现代社会生活的各种资料和方法而言，是具有教育意义的。

我认为目前科学教学的最大困难之一是：这种资料以纯客观的形式提供出来，或者作为儿童能加于他已有经验之上的一种新的特殊经验。其实，科学之所以有价值正因为它给我们一种能力去解释和控制已有的经验。我们不应当把它作为新的教材介绍给儿童，而应当作为用来显示已经包含在经验里的因素和作为提供更容易、更有效地调整经验的工具。

我认为现在我们丧失了许多文学和语言科目的价值，这是因为我们抛弃了社会的因素。在教育学著作里，差不多总是把语言只当作思想的表现。语言固然是一种逻辑的工具，但基本的、最重要的是一种社会的工具。语言是一种交往的手段，是一个人用以分享别人的思想和感情的工具。如果只是把它当作个人获得知识，或当作表达已经学到的知识的工具，那么就会失去它的社会的动机和目的。

因此，我认为在理想的学校课程中，各门科目并不是先后连贯的。如果教育即是生活，那么一切生活一开始就具有科学的一面、艺术和文化的一面以及相互交往的一面。因此，一个年级的固定科目只是阅读和写字，而较高的年级里却开设阅读、文学或科学，这是不正确的。进度不是在于各门科目的连贯性，而是在于对经验的新态度和新兴趣的发展。

最后，我认为教育应该被认为是经验的继续改造；教育的过程和目的是完全相同的东西。

我认为如要在教育之外另立一个什么目的，例如给它一个目标和标准，便会剥夺教育过程中的许多意义，并导致我们在处理儿童问题时依赖虚构的和外在的刺激。

第四条　方法的性质

我认为方法的问题最后可以归结为儿童的能力和兴趣发展的顺序问题。提供教材和处理教材的法则就是包含在儿童自己本性之中的法则。由于情况正是这样，我认为下面的论述，对于决定教育所赖以进行的那种精神是极端重要的。

（1）我认为在儿童本性的发展上，自动的方面先于被动的方面；表达先于有意识的印象，肌肉的发育先于感官的发育，动作先于有意识的感觉；我相信意识在本质上是运动或冲动的；有意识的状态往往在行动中表现自己。

我认为对于这个原理的忽视便是学校工作中大部分的时间和精力浪费的原因。儿童被置身于被动的、接受的或吸收的状态中，情况不允许儿童遵循自己本性的法则，结果造成阻力和浪费。

我认为观念（理智的和理性的过程）也是由行动引起的，并且为了更好地控制行动。我们所谓理性，主要就是有顺序的或有效的行动法则。要发展推理的能力、判断能力，而不参照行动方法的选择和安排，便是我们现在处理这个问题的方法中的一个重大错误。结果是我们把任意的符号提供给儿童。符号在心智发展中是必需的，不过它们的作用在于作为节省精力的工具；它们本身所表现出来的乃是从外部强加的大量毫无意义的和武断的观念。

（2）我认为表象是教学的重要工具。儿童从他所见的东西中所得到的不过是他依照这个东西在自己心中形成的表象而已。

我认为假如将现在用以使儿童学习某些事物的十分之九的精力用来注意儿童是否在形成适当的表象，那么教学工作将会容易得多。

我认为目前对于课业的准备和提出所费的许多时间和注意力，可以更明智地、更有益地用以训练儿童形成表象的能力，使儿童将经验中所接触的各种东西不断地形成明确、生动和生长中的表象。

（3）兴趣是生长中的能力的信号和象征。我相信，兴趣显示着最初出现的能力，因此，经常而细心地观察儿童的兴趣，对于教育者是最重要的。

我认为这些兴趣必须作为显示儿童已发展到什么状态的标志来加以观察。它们预示着儿童将进入那个阶段。

我认为成年人只有通过对儿童的兴趣不断地予以同情的观察，才能够进入儿童的生活里面，才能知道他要做什么，用什么教材才能使他工作得最起劲、最有效果。

我认为这些兴趣不应予以放任，也不应予以压抑。压抑兴趣等于以成年人代替儿童，这就减弱了心智的好奇性和机敏性，压抑了创造性，并使兴趣僵化。放任兴趣等于以暂时的东西代替永久的东西。兴趣总是一些隐藏着的能力的信号；重要的事情是发现这种能力。放任兴趣就不能从表面深入下去。它的必然结果是以任性和好奇代替了真正的兴趣。

（4）情绪是行动的反应。力图刺激或引起情绪而不顾与此情绪相应的活动，便等于导致一种不健全的和病态的心理状态。

我认为只要我们能参照着真、善、美而获得行动和思想上的正确习惯，情绪大都是能够约束的。

我认为除了死板和呆滞，形式主义和千篇一律之外，威胁我们教育的最有害的东西莫过于感情主义。

我认为这种感情主义便是企图把感情和行动分离开来的必然结果。

第五条　学校与社会进步

我认为教育是社会进步及社会改革的基本方法。

我认为改革仅仅依赖法规的制定，或是惩罚的威胁，或仅仅依赖改变机械的或外在的安排，都是暂时性的、无效的。

我认为教育是达到分享社会意识的过程中的一种调节作用，而以这种社会意识为基础的个人活动的适应是社会改造的唯一可靠的方法。

我认为这个概念对于个人主义和社会主义的理想都予以应有的重视。它恰恰是个人主义的，因为它承认某种品格的形成是合理生活的唯一真正基础。它是社会主义的，因为它承认这种好的品格不是由于单纯的个人的告诫、榜样或说服所形成的，而是出于某种形式组织的或社会的生活施加于个人的影响，社会机体以学校为它的器官，决定道德的效果。

我认为在理想的学校里，我们得到了个人主义和集体组织的理想之间的调和。

因此，我认为社会对于教育的责任便是它的至高无上的道德责任。通过法律和惩罚，通过社会的鼓动和讨论，社会就会以一种多少有些机遇性和偶然性的方式来调整和形成它自身。但是通过教育，社会却能够明确地表达它自己的目的，能够组织自己的方法和手段，因而能明确地和有效地朝着它所希望的前进目标塑造自身。

我认为当社会一旦承认了朝着这种目标前进的可能性以及这些可能性所赋予的义务，人们便不可能去设想听任教育者随意地使用时间、注意力和金钱等资源。

我认为为了提醒社会认识到学校奋斗的目标，并唤起社会认识到给予教育者充分设备来进行其事业的必要性，坚持学校是社会进步和改革的基本的和最有效的工具，是每个对教育事业感兴趣的人的任务。

我认为这样设想的教育是标志着人类经验中所能想象得到的科学和艺术最完善、最密切的结合。

我认为这样形成人类的各种能力并使它们适应社会的艺术是最崇高的艺术；能够完成这种艺术的人，便是最好的艺术家；对于这种事业，不论具有任何见识、同情机智和行政的能力，都不会是多余的。

我认为心理学事业的发展增长了对于个人的心理结构和生长的法则的观察能力；社会科学的发展增长了我们关于正确组织个人的知识，一切科学的资源都可以为教育的目的而使用。

我认为当科学和艺术这样携手以后，支配人类行动的最高动机已经达到了，人类行为的真正动力将被激发起来，人类本性中可能达到的最好的事业便有保障了。

我认为最后，教师不是简单地从事于训练一个人，而是从事于促进适当的社会生活的形成。

我认为每个教师应当认识到他的职业的尊严；他是社会的公仆，专门从事于维持正常的社会秩序并谋求正确的社会生长的事业。

这样，我认为教师总是真正上帝的代言者、真正天国的引路人。

对儿童研究的解释[1]

在儿童研究协会接下来的会议中，你将发现许多更详细的有关研究儿童不同生长阶段的方法和结论。在我看来，似乎今天晚上很值得提出一个不同方面的问题，而不是向你们提供专家们据此投入到儿童研究中的方法，也不是向你们提供对这些方法的应用而得出的教育学和心理学方面的结论，也不是提出任何同等重要或在某些方面更重要的流行的儿童发展阶段的认识。在我看来，在今晚的大会上，在所有的热情背后，在这种高涨的研究热情背后，在我们寻找方法以及应用这些方法的努力背后，很值得提出暗含在大会背后的这个问题。

1. 对儿童研究的政治兴趣是塑造和指导儿童的基础

对儿童生活产生兴趣的根源是什么？在世纪之交，如此多的研究者以某种技术性的方法到处进行的这些研究积聚了如此大的动力，它的意义何在？儿童研究协会能够组织起来，创造如此广

---

[1] 本文首次发表于伊利诺伊州儿童研究协会的《报告书》第2卷，1897年7月，第17—27页。未重印。

泛而普遍的兴趣，吸引了如此众多的观众代表在此齐聚一堂，难道这不具有重大的意义吗？我们如何解释这种新的研究兴趣以及这种对儿童的新兴趣？它来自何处？它的目的是什么？我们可以期待什么？我认为，这些问题是当任何一个对社会现象感兴趣的人看到儿童研究活动的蓬勃发展时必然提及的问题。它是我们面前一个活生生的事实，它首先使我出于好奇去探究，看我是否能够明确地表达可以回答这些问题的理由。我已经获得了一些结果，今天晚上我将尽力呈现给大家，与大家分享。

在对儿童兴趣发展的过程中，有三大来源，或者是三种伟大的运动，我分别称之为政治兴趣、审美兴趣和科学兴趣。

对儿童的政治兴趣，即注意力指向政治基础上的儿童，在柏拉图和亚里士多德时代就开始发展了。一直以来，教育系统都在为不同等级的社会组织培养人才，有关操行和教育的规则和标准也一直存在。我们发现任何一种世界文明都以某种方式通过教育树规立矩，我们找不到哪个民族不以此为重的。他们明确地表达教育规律和有意识地提出教育目的，以及在此目的的基础上，试图阐明教育工作的手段和原则。但教育规律和教育目的之间具有很明显的区别。我要重申，这种探究起于柏拉图和亚里士多德。当然，人们一直在观察儿童，关注他们，对他们产生兴趣。但是，这有两种情况：一种是纯粹承认儿童，纯粹使人的自我适应儿童；另一种是有意识地反思儿童意味着什么，他指向什么，如果儿童获得了他所指向的东西的话，将如何对待他。同样，这两者之间也存在着巨大的差别。又是柏拉图和亚里士多德首次有意识地发现了这种对儿童生活的兴趣。对儿童有意识地产生兴趣的第一个缘由，是作为社会组织中的一个因素的儿童的地位。今天晚上我要阐述的这三个兴趣，实践的或者政治的、审美的、科学的，都出现在生活的动荡时代——旧的机构被转换，以前被分开的文明和种族之间出现了冲突，生活变动不居，对人们来说有必要反思生活的意义，有必要为自己澄清一些意义明确的、已建立的原则，因为它们是凝聚生命和组织生活的基础。柏拉图和亚里士多德时代正是这样一个阶段，东西方文明有所接触，旧的宗教信仰打破了。生活、政治、道德和宗教的所有基础都受到了质疑，这使得像柏拉图和亚里士多德这样的人分析生活的本质，思考生活是否能够被组织，使其能够组织的原则又是什么？如何在打破生活曾赖以建立其上的旧传统、习惯和原则中，通过反思和讨论，发现安全和确定的标准，并在其上继续进行社会的再建构和再组织呢？正是这个问题，导致了对教育的兴趣。柏拉图的教育名著也是形而上学、伦理、艺术原则的名著。不可能在诸如这个部分是形而上学的，那个部分是政治的，另一个部分又是教育的之间进行区分。他意识到，所有的这些问题都是一个问题。哲学讨论发现原则的问题；教育是应用原则的问题；社会组织是探讨根据发现和应用的原则增进社会的方法问题。这就是对儿童产生自觉兴趣的来源之一。

如果社会生活处于应然的状态，如果政府被再一次组织，那么必须把儿童作为起点。对儿童的塑造和指导——简而言之，就是儿童的操行——必须从一开始就自觉地以这个观念为基础。简而言之，柏拉图意识到，任何明确的政治组织生活的基础，都是儿童以及通过教育手段对从他出生经过完全生长到成长为公民的生活进行塑造和指导。然而，某些前提总是存在的。人们不关注任何主体，即使像儿童这样的主体，除非有迫切需要关注的动机。在社会再组织中，儿童是这样一个要素，他必须受到一定的注意。然而；在政治组织中，不是作为儿童本质上的儿童，而是作为一个要素、一种工具、一个组成成分的儿童，在这个时候引起了人们的注意。我要重申，不是作为儿童本质上的儿童，而是作为工具、作为社会结构一部分的儿童。在此，系统的目的、训练和教育建立在分别确立的原则基础上，而不是建立在诸如到柏拉图和亚里士多德时代所呈现的、所有其他旧式教育所具有的陈规陋习和传统基础上。正因为于此，它取得了重大的进步。这里的系统，是指系统的目的、系统的活动范围、系统的手段应用，以及从这点出发对儿童的系统观察。对儿童的训练和观察，必须以明白儿童在社会生活结构中处于什么样的位置最有益于他适应社会生活为起点。对儿童的这种兴趣以及对教育的兴趣，可以作为塑造儿童适应社会结构的手段，它开始浸透到早期的文化中。然而，中世纪的基督教改变了兴趣的形式，因为它改变了人们心中的社会理想和社会结构的类型。即使如此，教育依旧具有同样的动机。对儿童的关注也是建立在同一个基础上，仍然以指导儿童使其适应人们心目中理想的社会建构为导向。

那么，人们承认，在这场儿童研究运动中，社会不是机会或者命运操纵的产物；在某种意义上，社会是一件艺术作品，是人所创造的。它不是作为与本质相隔离的艺术，而是进入到人们意识中的本质的产物。它通过人的本性，根据心中的目的而呈现更美满的形式。因为人们认识到社会生活能够引导智力方向，所以，人们开始对教育和儿童产生兴趣。迈向这个方向的第一步要从儿童开始，让他从一开始就为人们心目中的那种社会生活做好准备。由于这是第一步，因此在今天的普遍意识中，它仍然是最深刻和最好的组织教育、关注儿童的目的。如果有人问，用普遍的还是更技术性的方法，公立学校体制的合法性是什么，教育的宗教派别的合法性是什么，那么，**99%** 的答案将以这种形式呈现在我们的面前——儿童是某种社会生活形式的一个成员，从一开始就必须训练他成为符合社会秩序的、有能力和富有成效的成员，而这一切只有当我们通过这些教育手段才能做到。它具体体现在这一主张中，即学校课程设置最重要的考量在于符合把儿童培养为社会人的要求。虽然这个基础需要关注儿童，虽然它使对儿童的考虑成为必要，虽然它用一种其他不可能达到目的的方法关注儿童，但是，我们不能说这个基础是完整的。起码的事实是：儿童本人没有被注意到，他只是作为一种社会类型受到关注，这样很危险。它将导致刻板、机械和武断的安排。我们儿童教育生活中的大部分常规工作的特点，无论是在家庭中还是在学校里，准确地说，都源于使儿童适应纯粹政治组织的立场，而非考虑到儿童本人。如果我们事先为儿童设立了目的，如果我们事先断然决定了他如何适应以及在何处适应的话，那么，同样的，我们是出于某个明确的目的而关注儿童的。我们不是为了享受关注而关注这些事情，而是心中的目的决定了我们的视域范围。如果我们心中有了儿童将要适应的固定的目的，那么我们就只能在儿童身上看到与该目的有关的事情。儿童从来没有离开过我们。儿童研究也许是一个新生事物，儿童研究组织也许是新生事物，但自从人类社会诞生以来，儿童就与我们共始终。在此之前，我们却没有看到有关儿童生活的这些令人惊奇的事实，这究竟该如何解释？除非我们承认一直没有看到儿童，除非我们承认一直观察到的不是儿童本人，而是从我们事先为他设定的目的标准来看待儿童的，否则的话，我们眼中的天平就开始发生倾斜了。我们对此又该作何解释呢？

2. 对儿童研究的审美兴趣是赋予儿童预言理想社会的秩序

我们可以谈及对儿童生活产生兴趣的这些典型运动，谈及它们首先起源于大规模扩张的时代，甚至是传统和习惯冲突的时代，也是理想——道德的、宗教的、艺术的——已经从哲学中分化和独立、冲突的时代。这些活动的第二个阶段出现在文艺复兴时期。在那个时代，中世纪的基督教与对古希腊的历史、语言和文化的研究复兴之间产生了联系，欧洲开始了社会的发展，而不仅仅是地理区域的发展。人们从审美方面开始对那个时候出生的儿童产生兴趣，儿童不再是社会生活中的一个必要因素并由此被塑造，而是被赋予了一种象征性的、理想的和预言的意义。儿童在那个阶段的绘画中获得了再生。还有其他什么理由解释对神圣家庭、儿童生活和母亲生活的兴趣？如何解释不仅宗教力量以儿童为中心，而且艺术的整个倾向实际上也聚焦于儿童？我认为，在那个时代，儿童被看作具有预言的价值。儿童生活在某种程度上，被看作不仅指向社会生活的某些特定形式，而且是某些社会生活的梦想。这种梦想无法明确地表达，离现实遥不可及，或者远远落后于现实。儿童被看作是没有实现的社会秩序的理想命运的预言类型，由此具有宗教和审美的价值。兴趣一方面也是溯及既往的。当人们看着儿童的时候，似乎看到了他们自己曾经所处于其中的迷失的无知，看到了他们曾经被允诺而最终被背弃的诺言，看到了曾给予而又落空的生命的保证。当人们看着儿童以及那些以儿童的思想和生活为中心的事情的时候，人们的思想逃避它所感觉到的局限，就像人们曾说过的："我们不可能成为我们想成为的人，我们充满着局限性；但在儿童身上，我们看到了自由、本能和理想，而这些在我们身上已经变得如此地渺茫和悲惨。"

兴趣不仅仅是溯及既往的，而且也是指向前景的；不仅仅是对迷失的乐园的回望，也是真正的探寻。如果曾经与我们眼前的儿童身处同景，那么在某些情况下，人性可能恢复到从前吗？在信仰的范围内，儿童是未见事物的征兆。他向着尚未实现的世界前进。在西斯廷圣母像上，我们肯定具备这些价值观；溯及既往和展望未来的意识在母亲期和儿童期得到概括性解释，也在不断寻求持续发展，在寻求开放和活动的生长力量中得到总结性的发展。

早期人们对儿童的兴趣在于利用儿童满足某种社会秩序的需要，与之相比，现在取得了明显的进步。儿童依然被看作是社会秩序的一个成员，但这种秩序不是固定静止的，而是灵活流动的；与其说他适应这个秩序，不如说他为这个秩序提供线索，他应该如何以及可能成为什么等。困难在于，不论怎么说，在真实的、现实的生活局限和设定的理想之间的鸿沟依旧存在，由此兴趣倾向于感性，或者说它导致了其后文学上的浪漫表达。儿童在更好更新的生活中被定向为满足成人的情绪，而不是对成人行为的刺激。对成人而言，儿童被看作是起安慰作用的人，是理想的替代人。为了把我们从实现理想的责任中解放出来而把某件事物设定为理想，没有什么是比之更容易和更便捷的自我欺骗的方法了。儿童是成人的象征，而不是他本人的现实。他是成人没有实现的自我本性的希望的象征，是成人的理想人的象征，是成人随他所心愿的象征；而不是儿童本人应该成为什么样的人的象征，也不是所有引导的本能力量使他成为什么样的人的象征。因此，这种象征最多使其提高到各种形式的艺术动机的地位，它确实有助于人性找到它的理想；但是，在最坏的情况下，以成就成人理想的名义，儿童变成了成人的玩具——这种理想使家庭温馨宜人。逐渐地，这种起源于审美见解的有害趋向往往强化，甚或修正了起源于政治的见解；每一方都强调了另一方，试图将彼此抵消。学校几乎只是代表了机械日常工作的一面，而家庭代表了作为玩物和象征的儿童，它们使生活更加和谐，使成人更加幸福。

3. 对儿童研究的科学兴趣是回归童年的人性

兴趣的第三种起源和类型，是我们本世纪的科学运动。这种兴趣也来自于大扩张和生活的新发展时代；起源于当旧的习惯和传统——物质的、国家的、社会的、工业的、伦理和宗教的——被打破的时候；起源于整个世界，而不是世界的某个部分一体化的时候。这种科学的兴趣围绕着儿童。它是一种对万物原初生长的普遍的兴趣状态，因此，是生长的一个因素和生长本质的一个关键。从历史的观点而言，本世纪的伟大科学是历史的和社会的科学。本世纪伟大的科学工作完完全全地可以用"进化"一词进行总结，同样，从一开始，活动与生长也可以用"进化"一词表达。

这一观点虽然得到了普遍的认可，但是我们经常忽视一个事实，即虽然这种历史的兴趣来自于我刚刚提及的兴趣——审美的兴趣，但产生的方式却是偶然性的。对当代科学和哲学的历史兴趣来自于上个世纪德国的浪漫主义。18世纪的文学和艺术的浪漫主义理想是对自然的回归，对种族"儿童期"的回归。人类的童年，不然就是个体的童年被理想化了；童年成了一切自由、美丽、理想和自发事物的起源和表达。无论我们在卢梭的著作中发现的粗略的形式，还是在席勒那里发现的更讲究的优雅形式，他们表达的都是同一种观念，即曾经存在过的伊甸园已经失落了。人类的早期历史是诗歌的时代，是充满想象和幻想的时代，而现在我们处于艰苦、严酷和现实的散文的时代。童年期好比是逃避散文环境、返回到诗歌环境的好时机。同样的，对历史的兴趣，不仅仅是作为一种对理论而且是作为一种对可展示的历史事实的兴趣，它从回归人类的童年、原始的环境和自然的浪漫理想中发展而来。它标志着我们的新时代，但是并没有把自己的兴趣限定在当代的意义范围之内，而是意识到了全部的过去都与当代有着关联，是人类生活和进步的一个有机组成部分。在这种回归中，我们认为，文艺复兴前的艺术家及其作品并没有受到损害。

科学的兴趣就像所有的运动一样，已经从群体发展到个体，从整体发展到包含在整体中的部分，从族类发展到个人，从人类的童年发展到个体的童年。由于心理学在纯粹形式的基础上发挥作用受到了阻碍，于是回到了起点，回到了萌芽期。

4. 三种兴趣之间的关系是合作、互动和强化

我们现在面对的问题是：这三种运动之间的关系是什么？最后一个运动与前面提及的两个运动，即与实践的或者政治的兴趣，与审美兴趣之间的关系是什么？它只是加在上面的第三种兴趣吗？它可以代替其他两种吗？它可能强化、修正和活化另外两种兴趣吗？一位著名的心理学家曾经在最近的一两年对此发表过意见，大意是说，在科学和人性之间存在着对立，人性的问题是天性的问题，科学的问题是物体的问题，而非天性的问题。因此，对儿童进行科学研究的企图，意味着我们将失去社会的和情感的兴趣，意味着我们将失去大半自发的同情心，把儿童降格为

物来看待。我们对此有何感想？它把儿童从活的生命体降格到物的地位，由此把我们对儿童的兴趣从生气勃勃和充满同情心贬低到好奇的地步，这是真的吗？可以肯定的是：科学确实使我们把儿童看作物体了，但是这并没有解决问题，问题还依旧存在。那么，儿童是作为什么样的物体呈现在我们面前的呢？问题不在于某个科学研究者可能做什么，而在于科学的态度本身要求和需要什么？科学的观点破坏、误用和压抑了物体研究的内在意义吗？或者说，仅就当它不具有科学性而言的时候，它就这样做了吗？换句话而言，当我们用普遍的科学理论取代偏见的时候，我们就把儿童从人贬低为物了吗？或者说，我们初次见到儿童的时候，把他看作一个更真实的人吗？这里试以科学问题和审美问题的关系为例进行说明。我们会把儿童看作他本人，还是把他看作我们理想的延伸呢？科学和同情心是对立的吗？可以肯定的是，用理论的方法难以产生紧密的和连续的注意；用此方法，我们无法发现，难以观察，也很难进行深刻的解释。我们将最关切什么呢？个人的和审美的兴趣，是进行科学研究的无比重要的兴趣。换言之，回归天性，一定是求实的而不是情绪化的。实际上，我们应该回归到小孩的时候。儿童的象征主义必须是真实的、内在的。对儿童本人而言而不单是对我们而言，是具有意义的。简而言之，科学给予了我们一种基础，它将围绕着儿童而聚集的情感理想主义转化为现实的理想主义和有效的力量。

下面简要地探讨对儿童的科学兴趣与政治兴趣的关系。在此，我们又要将两者对立或者叠加吗？同样的，我认为它们是富有成效的互动关系。难道不是社会兴趣给予了科学兴趣的动机吗？只要社会生活相对稳定，只要它限定在狭窄的圈子内，建立于传统之上，从实践的立场而言，它就相对地是一个以比较固定的方式来考虑的不是很重要的问题。但是，现在，由于不断增长的范围并列地包含着各种各样的类型，整个世界实际上已经成为一体了，我们不知道也无法知道儿童的生活将是工业型的还是社会型的。试图教育他，意味着暂时地教育他；然后，当未来降临的时候，留下的是束手无策的和极度受伤的他。为了变化多端的未来而教育他的唯一方法，就是让他掌控自己和把握文明的手段。也就是说，只有让儿童现在掌控他自己，只有让儿童通过把握文明所赖以取得进步的最丰富、最全面的现有工具来掌控自己，我们才能够为儿童准备他未来的地位和工作。

那么，这与我们目前问题的关系是什么呢？科学类型与实践类型的关系是什么？简单来说，就是无论赞同这个事实还是为此感到遗憾，我们都不能在习惯、常规或者传统的基础上，为了让他具备某个成员资格而去教育他。今天的儿童所为之受教育的社会太复杂了，它对个性提出了太多的要求。儿童的个性如果要建立在这些习俗和常规之上的话，必定会带来极大的灾难。我们必须通过给予儿童最广泛的力量和最全面的文明工具来教育他。只有关于这些力量以及如何控制它们的研究和知识，以及在他们的发展过程中什么且如何起了有益作用或者阻碍作用的研究和知识，无论以任何方式，对该项任务都是恰当的。

就实践兴趣而言，正如我们谈到审美兴趣一样，科学兴趣不是它的替代物；同样的，它也不是对其他两者的叠加。正是这些其他的兴趣提出了问题，提供了目的，对科学提出了要求；正是科学，而且仅仅是科学，能够对这些要求作出反应，能够解决不理智的理想的兴趣和实践的或者政治的兴趣所产生的问题。科学延伸到儿童，意味着它具体化了他的结构和规律。有俗话云："那么，来吧，让我们和儿童一起生活！"这就表达了我们以上所言的全部意思，它意味着不同类型兴趣之间的合作、互动和强化。

文化纪元论的阐释[1]

1. 种族发展和儿童发展

我发现很难确定该理论的代表人物希望它在教育上起着什么作用,以及他们希望它如何发挥这种作用。种族和儿童发展之间相符的事实或者非事实是一回事,对该事实的教育阐释是另一回事;该事实在教室中的实践运用是第三件事,虽然一件事非常紧密地依赖于另一件事。我所发现的任何明确的观点是万·李沃(Van Liew)教授的,发表于《赫尔巴特第一年鉴》的第116页:(1)需要制定一个原则,确定儿童和教学内容之间的相关;(2)这一点在文化纪元论中已经提供;(3)因此[2],每一个时期的文化产品在内容上将引起处于该时期的儿童最大的同情心和最亲密的感觉。

现在,在这里,我希望提两个问题。首先,使用的尺度或标

---

[1] 本文首次发表于《公立学校杂志》,第15卷(1896年1月),第233—236页。重版于《全国赫尔巴特第二年鉴》(伊利诺伊州,布鲁明顿:《协会》,1896年),第89—95页。
[2] "因此"是我自己的插入,它不是作为正文的推论出现的。但是,不管怎么说,我都看不出上下文之间的关联性。

准是什么？是种族发展中的时期的连续性，还是儿童本能或兴趣发展的连续性？对明智的人来说，这可能似乎是一个没有必要或愚蠢的问题，但是我已经阅读了最近关于这个主题的文献，我不能决定是否作者们已经公正地问了自己这个问题。既然我们现在要把儿童发展与种族发展之间的相符作为一个事实确定下来，那么从一边转向另一边是非常合理的，一会儿是种族，一会儿是儿童。但是，当我们提到这个事实的教育性解释时，事情却不是这样的。只有儿童发展与种族发展保持着确切的相符，教育上的解释才是可能的。众所周知，这种确切的相符性并不存在。①

对我来说，该理论的支持者似乎并没有清晰地意识到，如果儿童发展和种族发展之间的相符性并不确切，那么从教育上来说，标准就是儿童发展的序列，而不是种族。这是一个关于儿童研究的心理学问题，而不是种族历史的问题。先研究种族的发展，找到某些发展时期，然后推论儿童发展与其有一致性，这是不合道理的。他们尽其所能地把儿童发展与生物演化相类比，突出了两个要点：（1）生物演化的过程是在胚胎阶段发生的，许多阶段非常地短暂，根本没有任何实际上的重要性，仅仅对学习科学的学生具有价值——例如"鱼"的阶段。类比却表明种族文化的全部范围，据他们所说，很可能是现在儿童生命中的头两三年，还有，许多或者大部分阶段根本就没有任何教育意义，虽然它们在人类学家的眼中是那么有趣。没有人建议当人类胚胎达到

---

① 要注意，我并不质疑一般意义上的相符。

了"鱼"的阶段时，母亲应该调整她的饮食，或者真切地关注它。为什么我们不应该在社会演变中遵循同样的原则呢？在那个时候制定过多的原则就没有阻碍发展的危险吗？我自己是不会做出这种结论的，但是从种族发展的角度来说，原则中并没有说明我们为什么不应该。（2）当运用类比时，必须深刻地认识到捷径在人类中的发展程度（参看鲍德温，《心智的发展》，第21—28页，认识到它们在何种程度上修改了演化的本质）。

在许多情况下，例外比规则更重要。就一切情况而论，即使很粗略，也可以公正地说，一个早期的结构无论什么时候在人类的前胚胎结构中被演变，它都只是一个因素，是一个贡献者，被它所提供的新功能所修正。

在前面的叙述中，我没有质疑"一般意义上"的相符性；我只是提出，我们绝对不可以从种族发展推断儿童发展。在所有情况下，我们必须通过考察儿童自身发现在儿童自身中独立生长的时期。所有从种族方面能考虑的，就是提出问题。既然种族已经经历了这种时期，那么我们寻找它与儿童之间的联系就是有可能的。让我们留心观察它。我们找到它了吗？但是，在任何情况下，标准又回到了儿童身上。假如理论的主张者承认该标准的话，许多认为他们不赞成的人会发现他们已经在赞成了。但是，承认这一点，就几乎等于使儿童成为中心。

而且，假如我们记住遗传结构的调整是为了使它服从于新的功能，它必定要引出进一步的变化。正如在人类身上表现了低等动物的视觉中枢一样，虽然不是全部的，但儿童身上也体现出了狩猎社会时代的痕迹；虽然不再是作为主导的、完整的活动，但是就算是许多活动中的一种冲动的话，也具有某种相对的紧迫性。

这一事实本身足够可以把八年中的一年（对许多人来说，是五年中的一年）用于社会生活的狩猎时代——或者绝不把它无意地推导到更高的社会层次上。这是游牧时代，某些儿童的兴趣（假说）现在是与种族发展相符的。我们接着应该使这种兴趣至高无上并且研究这个时期吗？或者，我们应该意识到在当前社会中田园式的活动——诸如在德州、在达科塔放牧等所发挥的相关作用，然后注意到这就是整个民族曾经生活的方式吗？生物学的类比——更不用说常识——需要的是后者。

2. 历史和文字是儿童与种族在教育中通过儿童经验产生相符性的基础

我要问的第二个问题是：如果承认一般意义上的相符性，并且通过研究当今的儿童生活来使这种相符性得到证明和控制，那么这种推论如何证明研究客体正是文化产品呢？这个推论仅仅被理论的主张者想当然了——他们似乎想都没有想过这种推论是需要讨论的；然而，它是整件事的中枢。对我来说，对相符性事实的解释在必要性甚至重要性上意味着对历史和文学上的文化产品的研究，似乎取决于理论上的混乱，在实践中也是误导的。让我来陈述什么是真正的概念，首先引用费尔雷（Felmley）教授的话（《赫尔巴特年鉴增刊》，第 195—196 页），接着调整这些话语以更清晰地得出我自己的观点:"我们每个人自然兴趣的恰当的养料是大量的观念,它将我们本能的兴趣归因于祖先。"我所建议的调整就是用活动的术语替代观点的术语,或者,更好的是使二者联合起来。

无论使用什么样的话语,关键一点在于:兴趣和本能主要不是与既定时代的产品相符合,而是与这些产品产生的心理条件相符合;因为这些条件对儿童来说是安全的,接着,他准备让这些产品产生教育意义。当那个儿童处于"农业"时期时,这纯粹是假定他的主要兴趣在于那个时期的文学或制度上的产品;它还假定这个农业兴趣通过首先允许它依赖那个时代的"文化产品"而在教育方面充分获得满足,这是一个主要需要自己表达的兴趣,而不是间接地了解这种兴趣在远古时代所产生的影响。根据真正的类比,满足儿童身上的农业本能的方式,与满足种族的方式是完全一样的——通过接触地球、种子、空气、阳光,以及自然中的巨大变迁和生命的衰退,通过了解农业活动的当代发展、农业产品,以及产品进入市场的方式,儿童的本能获得了满足。接下来,儿童可能会被带入与历史文化产品的联系中,他需要一些"统觉器官"来理解和灵活地应用它们。我并不是说,在儿童的兴趣自我表达之前,让他们接触这些产品就是给他们石头而非面包;而是说,相对而言,是让他们游戏而不是让他们沉于现实。①

---

① 对我来说,加尔布瑞斯(Galbreath)先生有关观念和执行观念的努力之间的内在关系似乎并没有被充分地驳倒(《年鉴增刊》,第163—165页,第167页)。它们之间的关系是广泛的。

历史和文学是专注的基础,这个观点已经被认为是文化纪元论的一个必然的结果。我希望以上的言论已经使之明晰一点,即它们并非那样关联着;然而,毫无疑问,它们确实是一起从一种文化纪元论的阐释中得来的,即类似的不是那个时代的生活与兴趣和儿童的生活与兴趣,而是儿童的生活与那个时代生活的产品或结果。

我觉得奇怪的是,人们能明确地承认开始阅读和写作只是形式而已,依赖于所需表达的内容,然后给文学安排一个任何其他的位置。文学当然不是独立的存在;它是表达,甚至就是开始阅读,与它教育性的联系意味着开始活动,接触被行动表达的观念。我们绝不可能达到一个以"文学"为中心的、真正的充满生命活力的专注,就像毫无希望获得一个以绘画为中心的专注一样。没有什么学科是中心,但是每个学科都是辐射性地表达既非绘画、也非历史的某种核心,或某种内容。

如果我冒险地说对历史的直接兴趣也是不可能的,读者们一定会更加震惊。儿童喜欢故事,但是故事是历史带到今天来的——被看作当前生活的一部分。儿童直接对当前的生活感兴趣,对在他们周围的以及他们与之接触的社会条件感兴趣;而任何真实的、任何有教育意义的历史性的兴趣仅仅是对现有社会结构兴趣的反射。假如在儿童身上存在一件像游牧兴趣的事情,它可能会发现它的自然和直接的猎物不在于改变大量游荡于一个半荒芜的领土上的半野蛮部落的群众,而是他眼前的铁路、轮船装载着的牛群,来自德国、爱尔兰和海边群岛的游牧部落。假设这种游牧的兴趣得到满足，它就为儿童考虑其他活动模式和牛与人之间的其他联系打下了基础。

再来简要地谈谈神话。似乎在讨论中假定那个神话是原始简单的产品，是头脑通过一种直接的放射物而散发出来的，或者比喻为想象力的天然爆发。由此假设，神话中有适合儿童的某种特别的、几乎命定的特性。但是，天真与其说属于神话本身，还不如说属于神话的观念。神话完全是一个社会的产品，内在地反映了某个民族智力的、经济的和政治的状况。大多数经典的神话仍然因为自身包含了一种文明形式、一种经济生活类型、一种政体与另一种（文明形式、经济生活类型和政体）的冲突的记录而更加复杂。现在，这些神话，它们中最好的作为故事而被讲述，是一件非常好的事情；我非常尊重那些在适当时候讲述的适当故事的教育价值，但假定它们有一种故事以外的价值，就是自欺欺人的——诸如假设故事对儿童本性的内在吸引力；通过它，儿童从道德上体验到了该神话所来源的文明，从而接受了一种精神的洗礼。故事是一个偶然的刺激，一个偶然的转向，一个偶然的唤醒者；并且，其永久价值在于儿童实现在故事中寻找表达的经验元素的程度——历史英雄在历史进程中，而非在神话的故事中，更经常地满足儿童的这种条件。神话自身作为一个故事的永久价值，就在于它在什么程度上引导儿童开始欣赏反映在其中的自然的事实和社会条件。假如教师引导儿童在自然课中觉察到了太阳在经济生活中的用途，假如教师引导儿童欣赏到了种族在历史发展中把火当作危险物的状况，那么太阳和火的神话可能发挥一种严肃而有价值的作用。让我们用一种应该给予的尊严和尊重去对待智力资源、能力和我们孩子的需要，既不对现实生活流于感伤，也不符号化现实生活，更不假借心理的游乐性事物向儿童呈现生活的现实。

我已经努力指出，如果在一般意义上接受相符性的话，首先，我们需要从儿童生活的角度，在教育的解释和关系中，对相符性进行研究、证明以及绝对地控制；其次，我们需要重点地从现在与儿童的起始兴趣相关的社会活动和观念的角度，从这些活动的历史产品的角度，利用这种相符性。即使最后一个观点不被承认，我认为，我们也必须承认，在现有的推论中，在相符时期的事实与对种族时期的产品研究之间还有着鸿沟；我们还必须承认，只有先填补这个鸿沟，该理论才能摆脱模糊和混乱，才能证明其合理性。

应用于教育的儿童研究结论[①]

［对于现在不常用的教学原则、方法或策略，在你看来，有哪些应该被视为基础和权威并应用到学校工作之中？］

在叙述以下原则的时候，在不作进一步调查、评论和修订的意义上，没有"必然的"结果，这是理所当然的；但我们想要的，是一种对结果的表述，它足以保证家长和教师将其视为工作假设。

（1）儿童研究结论应用于教育，将避免根本性的错误。在我看来，这个错误是从教师或者父母的立场对待儿童，也就是把儿童看作是被教育、使之发展、接受指导和使之高兴的对象。这个特别原则，将在与以下积极原则的联系中得到应用。

（2）基本原则是：儿童总是和他自己当前的和紧迫的活动一起存在的，他不要求"被引诱"、"被倾诉"和"被发展"；教育

[①] 本文首次发表于伊利诺伊州儿童研究协会的《报告书》第1卷（1895年1月），第18—19页。重印在约翰·杜威的《芝加哥实验理论》的附录2中。该文收录在由凯瑟琳·坎普·梅休（Katherine Camp Mayhew）和安娜·坎普·艾德华兹（Anna Camp Edwards）所著的《杜威学校》（纽约：D. 阿普尔顿－世纪公司，1936年）中，第474—476页。

者的工作，无论是父母还是教师，只是在与这些活动的联系中探知他们，为他们提供合适的机会和条件。

具体而言，这些原则是：

（1）感觉和运动肌的活动总是相连的。

（2）除非观念活动有期待中的肌肉运动目的并且找到了表达的路径，否则它将被误用和被束缚。

（3）感觉—运动肌和观念—运动肌的协调倾向于以某种顺序变得丰富。

（4）更广泛、更粗糙和更自由的协调，总是在更精确和更细致的协调之前完成的。

（5）所有的正常活动都有强烈的情绪色彩——道德的（人格化的特征、戏剧化的行为和情景）和审美的。

（6）好奇、兴趣和注意总是丰富某种特定协调的自然和不可避免的伴随物。

（7）最后的和根本的，儿童是社会的存在。因而，在教育上有以下手段：

a. 读、写、画和音乐应当被看作是某种特定的观念在其情绪色彩影响下的自我表达方式。教师的工作是发现在儿童中形成的心理意象，在运动肌的释放中根据最少阻力原则，为意象提供机会使之自由地表现自我。从心理学上而言，阅读依赖于读和画，阅读需要刺激注意，需要社会本能的激发——交流的需要——目的的需要。

b. 数字起源于建构性的度量活动中。因而，不应当在对数字和物体的观察联系中进行算术教学。

c. 把自然科目、地理和历史看作是儿童自己活动的延伸,即除非儿童看见事实进入和修饰了他自己的活动和关系,否则,他学习任何地理事实都是毫无意义的。

d. 要避免微小的工作,无论它(i)大体上是体力的,就像在幼儿园的练习中一样,在绘画和阅读中使用的许多手段一样,还是(ii)大体上是智力的,以过多的分析开头,以部分而不是以整体作为起点,在目的和观念的意图和功能及它们未来活动的分离中呈现它们。

e. 对儿童和教师而言,学校是他们当前生活于其中的社会机构。智力和道德训练,整体的气氛将与这个定义渗透在一起,它不是实现某个外在目的的单纯手段。

对当代儿童研究的明智和非明智的批评[①]

人们对儿童研究特点的批评有三个恰当的原因：首先，是因为所有大规模运动开始时都易发生夸张的情形；其次，是因为那些"运动追随者"误导的摇摆，他们混迹于教育，就像混迹于其他进步的力量中一样，企图利用儿童研究为他们自己摇旗呐喊和招兵买马；再次，是因为那些缺乏稳定性的人的不明智的热情，他们总是被每一种新的学术大风吹得东倒西歪，丧失了公正的观点。

有人认为，儿童研究运动为教育提供了一种新的、明确的、积极的和科学的基础，用以代替迄今建立的所有想当然的、实验性的和投机性的基础。这是一种草率的断言，它对儿童研究做了许多自认为正当的批评。当被提议的革命没能物化，当教师们发现，到目前为止，他们还不得不依靠好心的判断、个人经验和其他人的观念和实践知识的时候，许多人觉得他们被愚弄了，于是又从儿童研究神殿前的不加选择的崇拜转向对此同样不加选择的指责。

---

① 首次发表于《全国教育协会的演讲和科研论文集》，1897年，第867—868页。未重印。

有人想在属于科学研究者领域的儿童研究和使教育者感兴趣的儿童研究之间画一界限，这招致了失败，而许多的批评就起因于这种画线的失败。发展科学的方法，收集和筛选事实，得出理论上的结论，是需要花费时间的。由于科学研究者没能一经请求就为教育紧急情况提供可用的处方、通达的门票和可资鉴别的标签，于是他们就受到了攻击；由于早期的先驱们静静地在实验室研究一些似乎生僻和深奥的课题而没能立即为我们提供电报、电话、电灯和通讯，于是我们就攻击这些电子行业的先驱们。毫无疑问，这两种攻击都是毫无意义的。

批评的另外一个来源，是儿童研究不适当地与其所依赖的科学相隔离。使儿童研究成为独立的内容并导致它成为自身的统一体，其唯一的借口不是儿童有别于其他人的独特存在，而是它提供了生理学和心理学原则明确可指向的焦点。当那些忽视或者漠视这些更广博的学科的人直接投入到儿童研究中，期待获得有价值的结果时，这个方法恰像是庸医的医术，结果必是混乱不堪的。正如詹姆斯教授在报道中所言："不加选择地研究成人的话，你可以收集大量有趣的轶闻和罕见的事实，它就像类似的儿童研究一样，其科学的和实践的价值虽多但却很低。我还要补充的是，人们对理论、推测和假设存在着恐惧，这种恐惧就像与事实分离的纯粹推测一样荒唐可笑。单纯地收集事实，不受有指导意义的假设控制，不受一般法则的启发，从不曾成就过科学，将来也不会。我请求儿童研究与普遍性的心理学理论更紧密地结合。"詹姆斯教授是说，儿童研究可以解释为普通生理学和心理学的一个方向，它可以为教育做两件事：一件是提供某些有关儿童成长顺序等方面的概说，昨天哈勒克（Halleck）博士的论文就此作了详尽的阐述。它可以普遍地用于决定教育的整个方案，但是对于普通教师而言，它有助于他们洞察个体儿童，具备透彻分析他们个体需要和气质的能力。另一件是，对大多数教师而言，其最终价值的大小，在于它在哪种程度上使教师更准确和更充分地理解呈现在他们面前的不同的学生个体。有关儿童的纯粹普遍的理论和事实，绝不能代替对个体儿童的内在洞察。

高中对于教育方法的影响 ①

1. 高中是大学、非大学的企业和专业公众之间的桥梁

高中在两面炮火的夹攻下。比起我们教育系统中的任何其他部分，高中教学以教育目标的分离为标志。这不是高中教育的过错，而是对它提出的相左要求导致的。对处于教育一端的小学的功能和处于另外一端的大学的功能，大家都没有争议。即使存在着问题，诸如何为实现教育目的的最好方法，这个目的应该包括什么，学校在主要的方面应该代表什么等等，也是没有争议的。然而，高中没有如此明确的定位。我不谈及那些完全否认高中作用的人。我愿意对所有的意见区别对待，但我不认为这个问题在付诸会议之前②需要讨论或者搁置不议。卡莱尔（Carlyle）说，每个社会的最终问题是：是否它支配人们声音；是否它能够使出生在不同地区和社会阶层的人，其潜能、天分和才智在最能发挥作用的地方服务。尽管统计数字表明，达到和通过高中教育的学生的比例比实际上的低，但只要社会制度挑选了优秀的年轻人，

---

① 初版于《学校评论》，第 4 卷（1896 年 1 月），第 1—12 页。未重印。
② 本论文在 1895 年 11 月 15 日的芝加哥大学院系会议上宣读过。

使他们拥有更多机会，享受更高效的服务，高中就将证明其合法性。

不，我讨论的是高中面对的对立的目标，它是由高中当下的状况确定的。一个方面，它必须起着联结低年级教学和学院教育的衔接作用；另一个方面，它应当是受教育的最后的阶段，而不是跳板。对于那些不打算进入或者没有跨入大学的学生来说，高中本身就是他们的大学。作为大学预备学校的预科学校，没有必要应付这种困境。当我们感谢预备学校不断增长的数量和不断提高的效率时，还必须对下面两点心存感激：其一是裂缝，在为大学作准备的学校和不以升入大学为目的的学校之间的裂缝；其二是同一制度中的能力的分层。虽然对于高中负责人而言，这个困境造就了很大的困难；但是，他们深感安慰地得知，他们只是代人受难而已——小学和大学教育收获了他们奋斗的成果。对于低年级学校和大学来说，在同一所学校的范围中直面和解决冲突，是一件有益的事情。

正是高中的这些交互影响，是我愿意谈论的——因为它对教育系统的其他部分产生的影响，因为它所占有的特殊位置：与其说正式，不如说不正式；与其说自觉的目的，不如说是通过它创造的条件而实现的目的。我想说，高中已经名副其实是一种真正意义上的中介；它是大学、非大学行业和职业人士之间的中介。

作为这种中介，高中要反思低年级学校和大学的理想和方法，由此巩固和提升那些没有在大学深造的公众的技术含量。通过无意识的渗透和直接的传播，已经出现了大学延伸的效果。

另一个方面，通过促使大学自我调整以适应预备选民的条件，它可以加速教育中的刻板和学究气的末日之来临，还可以修正大学的目的和方法，使它们与日常生活发生更紧密的联系。有人认为，这是对自足的书本知识目的和大学精神的背离，但是我不想与这些人论争。为了做个有教养的人，没有必要当一个精神的隐士。

首先，对于大学的影响。只要预科学院作为大学的预备学校存在，它对大学所产生的影响必然是轻微的。作用和反作用并不是相等的。但是，假设一所高中除了升学以外还有其他目的的话，还要对其他的选民负责的话，大学就面临一个严峻的问题。它必须进行自我调整，以适应由此而形成的状态条件；它必须迎接高中环境变化的竞争，修正它的课程和方法，以提供同等的或者更出众的吸引力。它不得不为生存而斗争，它必须遵循适者生存的法则。

2. 高中和大学在课程和教学方面的相互影响

事实是：大学的政策、课程和方法上的某些变化，在西方比在东方激起的反应更迅捷。它几乎来自于改革的必要性而很少发生争论，几乎没有意识到它们的激进的特性。在东方，这些变化的到来，如果有的话，仅仅是漫长争论的结果，通常是一些教育改革者坚强意志的结果。我认为，恰恰是这一事实导致了差异；在西方，大学依赖于高中，大学根据高中的独立意志进行调整；

而东方的大学与预备学校的关系是，后者不得不、几乎是盲目地跟随着大学。

在西方，形式逻辑导致了某些变更，这是实践智慧。也可以说，是明显的商业精明带来的结果。这些变化出自教育的土壤。在东方，这些变化不得不由大学园丁们进行温和的培育和巧妙的嫁接。在过去25年中，西方大学课程的主要变化领先于东方，它们都恰恰是满足高中的状况和所提出的要求的。以两性混合教育而言，就是对高中男女同校作出的调整，就像东方的分校教育是男性预备学校和女性学校的逻辑补充一样；还有课程的多样化；拉丁语、现代语和科学课程与希腊语在同一个水平上进入了课程体系，而不是在某些偏系、旁院，或者是作为对人类思想缺陷的暂时让步。我们所就读的大学，在最初的宣言中，就提出为商业和政治科学课程作准备，就此而言，显而易见，多样化远没有结束。当这种先例被普遍遵循的时候，可以说，高中通过为自己保证一个完全出路的方法，对大学发生的作用将得到完美实现。另外，给予更大范围的学习选修，以不那么正规的方式，在高中和大学之间引入咨询和合作的方法，凭借着高中所创造的条件，我们看到了大学课程和方法中发生的巨大变化，其展示给我们的图景虽然稍显粗略但广泛。高中庆祝自己对这些变化的发生起着非常重要的作用，绝不是空洞的幻想。

但是，就另一个方向而言，高中已经是一种中介。它不仅仅给大学带来了压力，这种压力使大学与生活走得更近；而且还接受了来自大学的压力，并将这种压力分解到低年级。对小学和中等学校工作产生的反射性影响已经初露端倪，需要为大学做更好的准备，在同样的时间做更多的工作和做得更好。但是，对于那些从未看过或想过大学的人——他们甚至从来没有受过高中教育，这种结果已经为他们的生活提供了更深层和更高级的准备。

我们学校系统的最大缺陷一直是从四年级到八年级的升级制度，不管是通过方法测试还是成绩达标途径。在这之前，儿童已经有了读和写的能力与意识；在这之后，儿童不是利用他的能力掌握新的领域，而是继续读和写。他已经掌握了绘画的技巧和计数的能力——他现在继续绘画和计数。在开始的时候，他面对新奇而广阔的世界充满着好奇和兴奋；突然，视野墙坍塌了，儿童被限定在一个狭窄的世界中，里面充塞着多少有点令人厌恶的细节。通过与新世界联系而带来的满意，儿童被转向了无休无止地推翻旧世界的厌烦之中。麻木的和机械的影响就是今天美国普通学校的恶魔，它肆意狂舞，恣意妄为。

然而，变化已经发生，要求变革的迹象风起云涌，达到了一触即发的程度。在12年的教育中，大学下放了一年的学习内容给高中；在20年的教育中，大学可能下放了几乎两年的学习内容给高中；此外，大学还提出更高的质量要求。只是通过向低年级学校转嫁和提出更好的质量要求，以及观念上的改变和方法上的创新，高中一直能够满足这种要求，并且在未来也能够满足大学提出的进一步要求。这种运转与其说是显而易见的迹象，不如说是承诺。但是，内容下放正在增多和蔓延。现在，低年级已经引进了用推理的方法教代数和几何，代替了普通算术中的数字运算；在儿童学会阅读多年以后，作为完全体系的文学名著阅读代替了对学习文字碎片的枯燥而漫长的学习；[①]通过二手的材料了解历史，至少不是记忆教材中的事实；科学工作的延伸和简单实验与观察方法的采用；最后，外国语（无论是古代的还是当代的，我不武断地提出要求）的学习，可以让儿童根据自己的能力确定掌握程度，以决定他是否进入大学学习。

所有这些强化和丰富的变化，过去、现在、特别是将来的预期，都在很大程度上取决于大学向高中施加的压力，循环不已。除了手工训练的引入，没有其他的影响曾与此相匹配；大学中机械课程的开设和高级技术学校的成立，在很大程度上导致和造就了这种影响力。

3. 高中职业训练课堂的开设建议

就已经提到的情况而言，高中对教育方法产生的影响已经耗尽了吗？就制度化的努力而言，虽然还没有被意识到，但是有一个极大的可能性。这就是高中教师为低年级学校做准备。这个简单的事实在于：目前这是主要的功能之一，但是，高中只是非系统地和偶然地正在从事这个工作。我怀疑高中是否可以不明确

[①] 这是一个普遍的主张（一个普遍的事实），即儿童在八年级的阅读并不像他进入四年级时那么有效和悠闲。

地意识到它正在从事的这项工作，并且可以不使它发挥主要的功能。问题是，在愿意承认并为这一任务整装待发之前，高中能否在公众面前证明自己的合理性；这个功能的发挥，是否将无法摒弃对高中的抱怨和攻击的最后的残余痕迹。

除了疑惑之外，还有某些特定的事实特别突出。首先，尚未足够地意识到将未来的教师们送进师范学校接受专业训练的需要；其次，师范学校的条件和数量还不足以满足对未来的教师们的需要；再次，师范学校在现在至少有一半的时间被高中、被非专业性的工作所侵占；最后，一般的校董会很少能为了"小学"教师而不囿于自己的城镇和学校制度。总之，高中是师源的主要出处。因此，在为低年级学校培养教师方面，高中必须是主要的希望和中流砥柱。

情况就是这样，唯一令人惊奇的理由不是没有听说已经接受了高中应该有意识地承担这个责任，而是公众对这种状况能够忍受如此长的时间而不寻求解决的办法。确实，许多高中有训练班，开设了毕业课程。毫无疑问，这是一个极大的帮助。但这不是我要表达的准确意思。我的意思是说，高中在自身的组织中应该有规律地为低年级学校提供能胜任教学的职业培训。

现在，我假设，对这种情况很关心的许多人认为，在目前的情况下，这种措施是不可行的。课程已经爆满了；我们需要减少课程，而不是增加；我们需要更少的作业，而不是更多。一方面，面对来自大学的压力，我们已经穷于应付；另一方面，面对来自社会的商业意识，我们马不停蹄。瞧瞧看吧，这儿又来了另外一个负担。我对这种反应的实质,只能报以一声"阿门"了。但是,我相信,当任何事情一旦要求付诸行动的时候,努力带来的就不是混乱和困难,而是秩序和从容。我相信,即使我们现在尚未完全考虑到所有的细节,我们也要启程向前。然而,我们还是可以提出某些与秩序和经济性原则相一致的建议。

(1)首先,开设职业训练课程将给予目前某些没有这种关系意识的课程以实用的目的。我们都承认,或者绝大部分人承认,教育的目的是培养个性,而不是掌握信息;然后,却温顺地服从,或者固执地创造某些条件,使学校不可能成为儿童个性造就上的积极力量。这些条件中最大的问题,是学生获得的信息在行动中找不到出口。专心于效果才是法则——那么,我们想知道是否学习往往是自我中心的!我更倾向于确信,现在所学的一定是该学习的,这样的话才能在工作中教给其他的人[1],而不是相信有益的灵感能够进驻学校执教。本文不讨论实践工作的方法和手段,但是我相信,这一难题的解决,在于发现以下假设是愚蠢的,即在无教学实践和将整个班级移交给刚来的实习教师之间别无选择。后一种方法必然养成教师机械的态度,它不仅没有促进教师发展同情心和心理学的见识,而且还阻碍了这种发展。实习教师的恰当定位是无处不在的帮助者,帮助儿童处理一些个人的困难问题,而不是"教"全班。这种个人的关系一旦得到保证,

---

[1] 我希望大家能够原谅我反复重复地提及我们最好的一个高中教师在私下里对我说的话——我有点不敢直言相告。他说,学生能够在教学中使用所学知识之前,他不能从高中毕业。他还说,这才是最好的测试和最佳、最稳妥的同化保证。

当实习教师把全班作为一个整体时，他将形成健康的态度。而且，这种方法还可以改善一个教师应对 40～60 个学生的超负荷状况。

（2）作为一种兴趣和对现有课程的另一种切入的视角，职业培训课并不意味着加重学生的学习负担。我认为，如果只是强调通风、座位和姿势的卫生，正确而健康的姿势和形体训练的重要性，触觉、听觉和视觉的使用和教育问题，以及诸如此类的其他无数问题的话，生理学不能够作为一门生理学课程被学得更好。适合于生理学的，同样也适合其他科学，即使程度不那样深。语言课、历史课也许不这样明显。但是，了解幼小儿童的需要和方法，有助于使教学内容更丰富，而不是更沉闷。不管怎么说，所需要的是选择和调整已经在实施的课程，而不是增加新的课程。

（3）然而，还是要增加两门新的课程，它们是心理学和社会伦理学。如果在八年前或者甚至五年前提出这种在高中开设心理学的要求，除非在非常特殊的情况下，我会犹豫和怀疑这一要求的明智性。由于不同的原因，把心理学变成一门形式课程进行定义和分类，而不是研究心理生活本身，是非常危险的。心理学是一门通过大量的记忆来从事的学问。在过去，往往有一种可能性，如果不是或然性的话，使用的教材就像 50 年前的一样，可以是新瓶装旧酒或者旧瓶换新瓶。但是，现在不可能了。如果他愿意的话，他可以保留这些过时的书，亦步亦趋地紧跟着僵死而机械的方法；但是，其他的和更新鲜的可能性不断地推陈出新。有大量在内容和方法上都很新颖的书，有简单的实验设备和应用方法，儿童研究科学整个都在发展。对于高中来说，心理学已经发生了很大的变化，它已不是过时书本上描写的陈腐、干瘪、机械和刻板的内容和方法，而是活生生的人类事务了。

还有，有人可能会说，开设心理学课程意味着将一门新的学科引入已经拥挤的课程中。我不会建议，某门课程应该为此让路。即使心理学研究的是我们人类的内在特性，研究的是我们的生活以及与我们最密切的接触和关系，我也不会建议心理学与我没有提及的形式多样的学科具有同等的权利。这样的建议似乎太极端和乌托邦了，我不会提出如此之建议的。

然而，我可能还要提起几条事实，表明心理学将有助于缓解而不是加剧课程的堵塞现象。首先，高中阶段还处于青春期阶段。就自然发育而言，正是反思的年龄。在这个年龄段，对自我的兴趣，对自我与他人的关系及其调整的兴趣，是人生中最热切和最有自我意识的。如果形而上学像腮腺炎和小儿麻痹一样是疾病的话，那么，现在它开始像流行病一样传播了。无法利用这种兴趣，是教学的大失误，也是学校经济的大失误。这种对自我的兴趣，从学生的角度而言，是他们所有缺乏引导、易被曲解而失真的兴趣中最有教育意义的兴趣。因此，绝不可以恣意地胡说，心理学将导致病态的自我意识；也没有理由说，在许多情况下，在自我以及自我与他人的关系中具有的病态倾向是令人烦恼和忧伤的。在科学的话语中，意识到这种病态的倾向及其方向如果不是最佳途径的话,也将是肃清病态的最好途径之一。而且,通过明智地开设适合学生的心理学,高中的许多学习在兴趣上将得到强化,在难度上会降低。如果我们从形式上看待文学的话,修辞和语法其实就是心理学,逻辑和心理学有联系;意识不到心理学的这种基础和重要性,意味着树立起了人为的困难障碍。文学就它的内容而言,有美学的和道德的价值。文学的教学经常从感性的和虚伪的哲学标准的一端,摇摆到热衷于对信息进行单纯的技术分析的另一端。学生要么被要求详细论述道德说教所传达的内容,明确地表达对各种各样美的欣赏(必定是因袭的和二手的表达),要么教材成了字典和大百科全书的救命稻草。理性地引入一些关于想象和情绪的最新方法和研究结果,我认为,比把其他所有的学习策略组合在一起,更能够给予文学学习新鲜的血液和实质。历史提供了同样的机会,讨论习惯和个性、目标和动机的问题。科学研究要求解释观察和推理的过程及其主要的推论方法。①

对于社会伦理课,我重申,不是开设一门课程,而是对实际社会生活中明显不同阶段的考察和讨论。成人对实际生活的兴趣非常专门化和技术化,对他们来说是很当然的事情。当然,对于正在探究和观察的儿童而言,他就不能经常意识到社会兴趣和问

---

① 缪斯特伯格(Münsterberg)教授说(第19页,在马萨诸塞州校长俱乐部的一个演讲上):"看和听,注意和记忆,感知和想象,情感和意志,梦想和幻想,能够成为学校教育极为重要和具有启发意义的部分,但不是作为学校一门特别的课程,而是渗透和附着在学校的整个工作中。"

题的生命力了。

在高中，政治经济学与心理学的发展过程一样。首先，被引入了；然后从整体来看，被怀疑。毫无疑问，在此种情形下，两者自然都一样。但是，对经济力量和交互性的研究实际上一直在发挥着作用。它既有趣又重要，有伦理内容，而且为历史、地理和其他学科形成了统一之基础——还指明了物理和化学加工与配置工艺之诸多方向。

初等教育的迷信[1]

1. 随着条件的变化，阅读和写作不再是获取知识的唯一工具

多年以前，人们开始攻击希腊语在教育计划中所占据的地位，这或多或少地搅乱了教育的世界。然而，假如希腊语占据着一个迷信的位置，它的膜拜者在数量上就相对地要少，并且其影响也相对要轻。但是，这里存在一个错误的教育上帝，它的礼拜者有一大群，它的狂热信徒影响了整个教育体系。我指的是语言学习——并非外国语的学习，而是英语；不是在中等教育中，而是在初等教育中。它关涉教育理论与实践，几乎是一个无可争议的假说，即儿童学校生活的头三年应该主要用来学习其母语的阅读和写作。假如我们增加一定量的数字组合练习，我们会动摇初等教育所围绕的中心。我们可以教授其他的学科，但是它们都严格地属于从属的位置。

这个过程是自然的和确定的教育过程的一个部分，它是不可

---

[1] 本文首次发表于《论坛》，第25卷（1898年5月），第315—328页。重印于《今日之教育》，约瑟夫·瑞特（Joseph Ratner）编辑（纽约：G·P·普特姆之子公司，1940年），第18—35页。

避免的——被看作是吹毛求疵和革命性的对立意见。但是，这恰恰表明，从历史上而言，我们有恰当的理由教授儿童这些学科。然而，这并不就可以推导出：因为开设该课程曾经是明智的，于是现在它也是合理的。相反，这种教育模式是适应过去条件的事实本身，就可用以解释为什么它不再具有至高无上的地位。当前有当前的要求，恰恰是在教育中当前的主张应该有所调控。把教育建立在过去的条件上，就像使一个有机体适应一个不再存在的环境一样。个体显得很愚蠢，即使没被分裂的话；而且进步课程也受到阻碍。我的建议是：那些条件——社会的、工业的和智力的——已经经历了如此激进的变革，对初等教学中语言教学工作彻底检查的时刻已经到来。

在阅读能力实际上成为通往知识的唯一途径的时候，阅读能力是确保对累积的精神文明资源进行控制的唯一工具，语言学习的现有地位就是在这一时期确立起来的。在那时，或者是普通的人们不知道科学的方法，如观察、实验以及检验等，或者是只有教育阶梯顶端的一些专家才了解它们。总之，因为这些方法并不是自由的，不能普遍使用，因此不可能允许学生在学龄初就与自然和生活的材料直接接触。人们可以在既往先哲的伟大思想吸收和解释这些材料的方法中，寻觅到唯一的保证和价值标准。为了避免智力上的混沌和混乱，虔诚地回顾先辈们走过的道路是很有必要的。就政治、道德和文化来说，那时科学调查和证明的方法还没开发出来，或者说还掌握在少数人手中，因此智力上权威和传统的体制是必要的。我们经常看不到这个事实，即学校教育中，书本知识的学习占据主导地位，这仅仅是智力发展时代的一个必然结果和遗迹。

2. 社会、智力和工作条件变化对获取知识的影响

　　普通的社会条件与这种智力的地位是相对应的。虽然并不能说在我们美国的教育系统形成时期，权威和传统是知识和信仰最根本的资源，但必须记住我们祖先直接的环境是原始的和未开发的。在今天很有成效的报纸、杂志、图书馆、艺术画廊，以及所有的智力交流和日常演出，在当时都是不存在的。在那时，假如有任何现存的逃离贫乏的智力环境，或者任何通往更加富有和宽广脑力生活的方法的话，出路就是穿过书本的大门。在展示过去的成就时，书籍是维持精神连续性的纽带，并且使我们的先辈免于陷入他们物质环境的原始水平。

　　在那时，阅读和写作能力明确区分了受教育者和未受教育者。当这种区分不仅仅在学术的意义上，而且在被环境所奴役的人以及能够利用和超越环境的人的意义上，那么人们就相应地重视获得阅读和写作能力。我们还明显地如此称谓阅读和写作——通往学习和人生成功的大门。所有属于这些目的的意义，很自然地转向它们所赖以实现的方法上。我们的祖先掌握阅读和写作的强度和热情，他们所克服的困难依附于学校日常生活的而现在似乎荒芜的兴趣——"3R"课程，所有这些都表明了这些学科曾拥有的动力。学习阅读和写作是一件有趣甚至是激动的事情，它对

生活产生如此重要的影响。

几乎没有必要说智力的和社会的条件已经改变。毫无疑问，在农村，事物的老状态依然持续着。对此，我现在所说的并没有特殊的意义。但是，从整体上说，迅速而便宜的邮件的出现，方便而连续的旅行和交通的出现，电报和电话的出现，图书馆、艺术画廊、文学俱乐部的建立，各种各样和不同等级的便宜的阅读物、报纸和杂志的普遍传播——所有这些，使当今的智力环境发生了巨大的变化。生活和文明的价值，不是远不可及和相应地难以到达的，而是以时不我待的紧迫性和令人兴奋的影响力在个体身上打下了烙印——至少在城市中。与其说我们挨饿，不如说我们食物过量。我们不缺乏智力营养，我们拥有许多的智力资源。

现在，从前辈手中传下来的和完善的文明之传播所有赖于的资本不再积聚在称作书的"银行"中，而是在于积极的和一般的传播之中，在非常低效的兴趣之中。试图自我隐瞒那个事实是没有用的，即智力环境中的这个巨大变化——个体与累积的知识之间关系的巨大变化——需要相应的教育调整。阅读和写作是文化的重要和基础的工具，附着于此的意义随着内在的社会智力生活的加速和增加已经相应地萎缩。结果是，这些学科失去了它们的动力和影响力。它们已经变得机械化和形式化，并且与生活的其他方面没有联系——当成为主导学科时。

因为儿童将要去一个叫作学校的神秘的地方，由此这些学科或多或少被看作必须遵从的权威的任务；或者说，为了让儿童可以不知不觉地接受这些学科，它们充满着精巧的策略和把戏。有人抱怨说今天的学校课程没有过去流行的"3R"的训练价值，这是有某种合理性的。但这并不是因为旧理想已经被放弃了，而是因为尽管条件已经变化，但它固化不变。我们没有坦然地直面情境，没有自我质问：今天我们能够组织什么样的课程来达到既往的语言课程为我们先辈所取得的效果？我们只是一如既往地将其作为我们学习过程的中心和核心，并且用大量漂亮的图片、物体、游戏和一些浅显的科学来打扮它。

随着智力材料和刺激与个体之间关系的变化，在方法和知识自身的组成方面也发生着相当大的变化。科学和技能已经变得自由了。知和做的简单的过程和方法已经得到了解决，它们不再是任何阶级或团体的独占品。它们在思想并且在行动上也应该是社会共同体的一部分。我们完全有可能从一开始就以一种直接的而不是抽象的或象征性的方式教给儿童社会得以维持其存在的物质和精神的运转方式。

社会得以维持其物质连续性的生产、运输、消费等等的过程之运转方式广泛而公开，一目了然，客观如实。它们在雏形期通过大量的工业模式训练所导致的再生产，完全是在可能性范围之内。而且，社会的精神共同体所依赖的真理的发现和交流的方式变得直接而独立，已然不再陌生，且已摆脱了教师和书本的控制。这不仅仅是指儿童能够获得一定量的关于有机物和无机物的科学信息：假如这就是全部，我们就没有责任要求儿童学习更具有人道意义的过去的历史和文学了。答案自然是否定的，重要的是：对于学龄初的儿童来说，他有可能以一种个性化的且相对来说受约束的方式，熟悉和使用、发现和交流真理的方法；他还有可能使自己的言论成为真理表达和交流的一个渠道。因此，让语言学正本清源——从属于真实的和个人的经验的表述和传播。

在智力活动与生活中的普通实践性职业的关系中，也发生了与此类似的一种调整，几乎也可说是发生了一种革命。在过去，一方面，儿童过去的岁月不断地成为一种儿童在学校理解其意义的智能训练，而在家庭生活中，他正以一种直接的方式熟悉社会和工业活动的主要行业。总的说来，生活是田园式的。儿童与自然景色直接联系，对驯养和照料动物很熟悉，对土壤的培育和庄稼的生长也了然于胸。那时，工厂系统尚未开发，家庭是工业的中心。纺织、编织、衣服的制作等等，所有的都在家里进行。因为几乎没有财富的累积，儿童必须参与劳动，参与通常的家族行业。只有那些经过如此培训的、并且在后来看到儿童在城市环境中养育长大的那些人，才能够充分意识到校外生活所涉及的智力和道德训练的全部价值。我们有许多成功的人士广泛地来自农村，这个事实足以表明参与实践生活所具有的教育价值。它不仅足以替代我们现在所称为的体力训练，诸如手和眼睛的发展、技能和敏捷的获得；而且，它也是自力更生、独立判断和行动的开端，是常规习惯和持续工作的最佳刺激。

对于今天生活在城市和郊区的儿童来说，这仅仅只是一个记忆。机器的发明，工厂体系的建立，劳动的分工，已经将家庭从一个车间变成了一个简单的住所。大量人口涌入城市以及佣人的普遍使用，使儿童不再参与到这些仍然存在的职业中。儿童遭受来自他所在环境中不断增大的刺激和压力的时候，也就失去了平衡其智力发展所必要的实践和肌肉训练，获得信息的设施已经具备了，使用它的能力却失去了。在学校中进行更正规的智力训练的需要减少了，取而代之的迫切需求是通过介绍手工的和产业训练的方法，以给予儿童以前在家庭和社会生活中就可以获得的能力。

3. 阅读教学专注于语言的形式有悖儿童生理和心理发展水平

我们至少有一种显而易见的充分理由来重新考虑在初等教育中学会阅读和写作的相对重要性的整个问题。因此，有必要近距离地审视这个问题。应该以什么理由反对放弃在学校生活的头两年花更多的时间去掌握语言的形式呢？首先，学会阅读和写作是一种受限制的和分析性的工作，而生理学家开始相信儿童的意识器官和相联结的神经以及运动器官并不是在这个时期能够最佳地适应这种工作。感觉和运动中枢的发展是有顺序的——一般而言，这个顺序就是发展的方向，它从以适应整个身体系统（那些接近于身体躯干的部分）的更大的、更粗糙的调整转向以适应有机体末梢区域和手足的更精细和准确的调整。眼科医生告诉我们，儿童的视觉实质上和原始人一样；一般来说，适应看大的、有点遥远的物体，而不是从细节上看附近的物体。扰乱这个规则，意味着过度的精神紧张，意味着将最大的压力放在最小的能做这件工作的中枢上。同时，身体的正常运行总是对活动充满着渴望和热切，然而它却被遗忘和废弃，以至于衰退。写作的行为——其特别野蛮的形式长期在学校中存在着，比如说强迫儿童用小手在固定的行中写字，要求最大限度的正确性——涉及对肌肉活动的调整，其精密性和复杂性只有专家才能明确地理解。就像一所芝加哥学校的校长机智地对这种联系所评论的那样，"不夸张地说，钢笔比剑更难以制服"。强迫儿童在未成熟时期就将他们的注意力完全地奉献于这些精细的和难辨的调整中，已经给他们留下了一个受损的神经系统以及肌肉失调和畸变的悲哀记录。同时，也确确实实有反面的意见。当前的生理学知识指出，儿童大约八岁就已经足够认识所有的事物，而不只是偶然地注意视觉和文字语言形式。

我们一定不要忘记，这些形式只是符号。我完全不是贬低符号在我们理性生活中的价值。很难说文明中关于智力方面的所有进步依赖于某种符号的发明和控制。我也没有加入到不分青红皂白地谴责语言的学习仅仅只与文字有关，而不与事实有关的群体中去。这样的立场是片面的，与反对它的观念一样粗糙。但是，这里有一个重要的问题：6～7岁的儿童在什么程度上准备好了学习符号，以至于可以将教育生活的压力投掷到他们身上？假如我们脱离现有学校体系来看这个问题的话，就这个时期儿童的自然需要和兴趣而言，我怀疑是否还有人说6～7岁儿童的急切需要是这种"营养符号",而不是对他周围的自然和社会财富更直接的初步经验。毫无疑问,娴熟的教师经常能够成功地唤起儿童对这些事物的兴趣;但这种兴趣或多或少是以人工的方式激发的,而且,当激发时,兴趣有点做作,与儿童生活中的其他兴趣没有关系。此时此刻,引起分裂的行动被引入和反复地强调,标志着学校和外部兴趣与职业的分离逐渐加大。

在教育问题中,我们不能过于经常地依赖约翰·费斯克的概念,即文明进步总是伴随着幼儿期的延长。在这个时期,任何动物将其一套器官和中枢发展到高级阶段,总是以牺牲其他器官和中枢为代价的。这意味着不成熟的专门化,意味着阻碍了平稳的和全面的发展。许多教育者已经相信,在数字综合运算中的不成熟的敏捷和灵巧,趋向于阻碍某种高级精神能力的发展。在语言符号中也是如此。只有受过训练的心理学家,才会意识到对文字形式的视觉认知所需要的分析和抽象的重要性。许多人猜想抽象只能在复杂推理的地方找到。但事实上,人们发现,抽象的本质只能在引起兴趣的注意中依赖于或多或少被隔离在兴趣和行动的直接渠道外的要素。要求儿童放弃他周围所有丰富的资源,放弃他自发注意到的、作为其自然的和无意识的精神食粮的资源,将会强迫他使用未成熟的分析和抽象能力。综合性的生活,以及与环境的无意识的联合,是儿童与生俱来的权利和特权。上面这种对它们的剥夺,是蓄意的。完全有理由假设,过早要求儿童具有抽象智力能力是无法立足的。它阻碍而不是推动将来智力的发展。我们还不能知道在以后有多少有关智力的惰性和看上去的停滞不前是过多过早地诉诸分离的智力能力的直接结果。我们必须相信，生理学和心理学的发展能使这些问题变得更清晰，以至于控制他们学校的权威和舆论将没有其他选择余地。只有到那时，我们才有希望避免儿童活动减弱的危险，也就是乔伊特（Jowett）教授所说的教育是"思维的坟墓"。

4. 阅读教学专注于语言形式的表现

当我们反思所有的时间和努力是怎样没有达到其特别要为之作出奉献的结果的时候，如果事情没有那么严重，它就应该是滑稽的。睿智的教育者有一句普通的俗语，即他们能够进入一个教室，挑出在家里学会了阅读的儿童：他们读得更自然，理解力更强。在我们许多学校中流行的以不自然的、机械的、单调低沉的和歌咏方式阅读的现象，恰恰是缺乏动力的表现。阅读被变成了一种孤立的技能。在儿童的头脑中，他感觉没有需要通过阅读而达到的目标；没有想要满足的智力渴望。他阅读的书籍不关涉他意识到的问题。书就是阅读课。他学会阅读不是为了他所阅读的，而纯粹是为了阅读而阅读。由此，当我们使单纯的阅读过程成为其本身的目的时，阅读的生命力在心理上就已经失去了。

确实，现在所有优秀的教师都宣称他们应该使形式上的阅读从属于所阅读的意义——儿童首先要掌握思想，接着表达他的智力理解。但是，在当前的条件下，这种申明难以实行。以下选自

《15人委员会的初等教育报告》中的段落，足够明确地陈述其难以实行的理由。对我而言，它似乎还没有意识到真正的推论应该来自于所提出的事实中：

儿童工作的头三年主要用于掌握他口语词汇的印刷和书写形式——他已经在听力上足够熟悉那些单词了；他得熟悉呈现在眼前的新形式；要求他在学会辨认以书面形式呈现给他的已学单词的同时学习许多生词，是不明智的教学方法。但是，他一旦掌握了（三年前）某种阅读以口语风格印刷的文字之工具时，他就可能继续阅读优秀作者的选集。

那样，阅读课的材料完全来自所熟悉的单词和思想。对儿童来说，他根本谈不上在思想本身中寻找到可引起和维持他注意力的东西。他的思维集中在对形式的纯粹辨认和表达中。由此，在表达的实质和形式之间毁灭性的分离开始出现了，它对阅读技巧的形成是致命的打击，阅读被降格到一种机械的行为。在儿童早期，强迫他们掌握外部语言形式不可避免的结果，就是我们学校中的"识字课本"和"第一读本"的琐碎内容。想想你见过的半打或一打那样的书，问问你自己在那些所提出的观念中有多少是值得来自任何六年级的聪明儿童所尊重的。

5. 阅读教学方法错误的本质是远离儿童的心理需求

学会阅读的方法在教育领域中变化不定，就像舞台上跑龙套的上上下下。每一个都宣称是解决学会阅读问题的最佳方法；但是，每一个反过来又让位于后来的发现。简单的事实是：它们都缺乏所必需的任何有坚实基础的方法，也即与儿童心理需要相关。没有哪个学会阅读的计划能满足这种需要。只有一种新的动机——将儿童放置在与将要读的材料的重要关系中——能够满足要求。很明显，除非把学会阅读的计划推迟到当儿童的智力兴趣更加活跃时，当他成熟到足以能够更快、更有效地处理形式上和机械性的困难的时候，这种条件才能得到满足。

永不停止地操练，不断地循环，是同一弊病的另一种表现。甚至当试图选择某些具有文学或历史价值的材料时，实际的结果更像把《失乐园》作为语法课的基础，或者将《恺撒的高卢战争》作为拉丁句法的导论一样。儿童不得不极为关注形式，以至于其精神价值丧失殆尽。没有人能估计这种纯粹形式上的连续不断的操练所带来的麻木和僵化的后果。另外一个甚至更严重的弊病是思维空洞所引发的后果。思维的空间被打扫并粉饰一新——没有别的了。道德的结果甚至比智力更可悲。在这个可塑的时期，抓住了思维的想象操纵着有启发性的肌肉力量，剩下的只能是没有价值的东西了。既然如此，虽然我们的学校为孩子们的道德教育做了许多事情；但是，在这个方向上的所有的努力必然地受到阻碍和贬损，直到学校教师完全自由地在具有内在价值的东西中为早期的学校教育寻找到大量的教学内容为止——把这些内容引介给儿童非常重要，因为它们是个性化的和建设性的。

应该很明显的是，我想做的不是对书籍和阅读进行市侩的抨击。问题不是如何摆脱它们，而是如何获得它们的价值——如何使书籍和阅读服务于儿童的智力和道德生活，从而提高他们的能力。由于文学的重要性，所以我们压倒一切地要求儿童在学龄初期就学会阅读，我觉得这种思维似乎是一种曲解。正因为文学如此重要，所以才适合把书面语的引入推迟到儿童能够欣赏和理解其真实含义的时候。在当下，儿童把阅读作为一种机械的工具，几乎理解不了这些有价值的读物。结果是，在他掌握了那种阅读技能并希望使用它时，他却没有指导阅读的标准。那时，他很可能不知道阅读的价值。我们的师生近 10～15 年来一直致力于提高阅读的普遍品质，但却不清楚什么是真实以及相应的成功，这种努力必然是徒劳的。但是，毕竟他们正在与逆境抗争。我们的理想是：儿童应该对所阅读的内容具有个人的兴趣，有一种个人的渴望，以及满足这种兴趣或渴望的个人能力。儿童的经验背景能够使他理解琐细的、仅仅是娱乐的、令人激动的阅读材料与包含着永久和严肃意义的阅读材料之间的差别；直到儿童开始带着这种经验背景来接触阅读材料时，我们才可能完全实现理想。只要儿童还没有训练到形成处理书本以外资料的习惯，以及通过与经验事实的联系，形成以直接的个人方式认知和处理问题的习惯，我们理想的实现就是不可能的。书本上的资料与儿童在生活中所体验到的资料的分离——在儿童处理后者的良好的组织能力形成以前，前者就强加给了儿童——是非自然的分离，它只能产生有缺陷的欣赏标准，只能让感性的和短暂的兴趣高于有价值的和永恒的兴趣。

6. 阅读教学专注于语言形式给高等教育和学生的生理与心理发展带来的危害

错误方法的两个结果在高等教育中是如此明显，以至于值得特别的注意。其表现在盲从于书本和不能有效地运用书本的自相矛盾中。高中和大学的科学教师不断地重复着阿加西兹（Agassiz）著名的控诉，即学生不能亲眼看。例如，有多少科学教师会告诉你，当他们教导学生去发现某个客体的一些事实时，他们对学生的首要要求是书本，因为他们在里面可以阅读到相关的内容；又有多少科学教师会告诉你，当教师要求学生必须亲自观察客体本身，使客体不言而喻时，学生的第一反应是多么无助。可以毫不夸张地说，依赖于书本的习惯是如此根深蒂固，以至于许多聪慧的学生特别反感教师把他们的注意力引向事物本身——把自己的全部思想用来思考其他人曾经就自己的研究所说过的话，似乎简单得多。如果说不明智地应用他人的发现和成就是一种纯粹的愚蠢，那么，用他人的所见来替代用自己的眼睛亲自观察就如此自相矛盾，以至于根本不值得进行批评。我们只是需要在某种程度上承认它所取得的实际成就。

另一方面，我们的学生缺乏便捷而经济地应用这些工具——书籍的相应能力，而实际上，书籍正是教师引导学生大部分的精力之所在。我指的不仅是本科生的教师，也包括研究生的教师。他们以及攻读高学历的学生都有这种共同的体验，即在每一门专门的学科中，把大量的时间和精力花在学习如何使用书本上。拿起一本书，呈现该书所含观点和论证过程的充分而浓缩的大纲，不仅仅是一种阅读练习，而且也是一种思维练习。如何迅速而大量地查阅关涉某个主题的参考书？如何选择所需要的资料？如何找到该主题的重要观点以及某位作者所特有的观点？这些是甚至大多数研究生都必须为自己反复学习的事情。假如这样的话——对书本的注意已经是所有先前教育的重点——那么，我们肯定就要追问是否书籍的使用方式一直以来存在某些根本性的错误。书本的价值在于与生活的联系，在于赋予洞察力和解释力以敏锐和限度，这些都是不言而喻的真理。过早地和没有关联地应用书本，会对儿童的发展产生阻碍，这难道不是众所周知的道理？我们的方法使书本要达到的目标破灭了。

　　下面简要地谈谈相应的恶果。我们必须考虑的，不仅是过度地强迫语言教学所产生的结果，而且有因将其他目的排挤后所造成的发展中的缺陷。每一个受尊敬的权威都认为，四至八九岁之间的儿童期是意识和情感生活的可塑时期。我们应该做什么以塑造这些能力呢？我们应该做什么来满足这种需求呢？假如有人将儿童在这些方面的能力和需要与"3R"制度所实际提供的能力和需要相比较，这种对比是遗憾和灾难性的。这一时期也是运动肌形成有效的、守秩序的习惯的萌芽时期：当儿童希望做事情之时，当他做的兴趣能转化为有教育意义的解释之时，就是儿童发展的卓越时期。没有人感觉到我们无法从心理学上证明当前课程的合理性，没有人能清晰地估量儿童在这个时期充满生命活力和坚持不懈的运动本能之价值，然后意识到那些无休无止和枯燥乏味的阅读和写作。这只是一种迷信行为：它是既往历史的残留物。

7. 初等教育应该开设的课程及其这些课程与阅读的关系

以上所述可能真的存在着。但最为重要的是明确课程内容和呈现方式以及儿童的发展，然而我们可能仍然没有充分组织起来的学科内容可资介绍到学校课程中。但这只是可能，实际上，我们并没有处在这种不幸的困境中。有些科目很适合用来满足儿童的优势需要，正如它们也很适合为儿童在文明化过程中必须发挥作用而做准备一样。有各种不同的技能，如音乐、素描、绘画、雕塑等。这些中介性的技能不仅为儿童提供了一种规范的途径，使他们以外在的形式投射内在的冲动和情感，恢复自我意识，而且是现存社会生活的必需。儿童必须受到保护以抵御现代文明中一些顽固的、过于功利的因素：肯定地说，这些技能是需要的，因为某种程度的技能性和创造性的能力对未来的工人摆脱不熟练的工作，在与纯粹机械事物接触中增长他的意识是必要的。

人们在"自然课"中设计的简单的科学观察和实验的模式，可用以吸引儿童对周围世界的敏锐兴趣且积极地保持这种兴趣，还可以逐渐地向他介绍那些反映当代理智生活本质特征的发现和证实的方法。在社会方面，这些方法让儿童熟悉他自己的环境——在现存的条件下，为了个人的和社会的健康，为了了解和运行商业工作，为了公民事务的管理，这种熟悉变得越来越有必要。我们初步称为手工训练的活动——绝不应该放弃从幼儿园就开始的各种各样的建构活动——同样地适应儿童本性的典型需要和当代相互关联的生活需要。这些活动为持续而有秩序地运用能力，加强注意和勤奋的习惯，生成自我依靠和灵敏的判断力提供训练。作为未来社会生活的准备，他们洞察了我们文明所依赖的机械的和工业的职业，以及作为民主本质的工作的尊严感。历史和文学再一次为儿童急切的想象力提供养料。当我们给予想象力以有价值的材料时，它们就可以制止儿童不正常的和混乱的想象。这些材料呈现给儿童社会生活的典型条件，展现社会生活得以形成的奋斗历程，描绘社会生活所形成的精神产品。直到教师能够自由地根据它们内在的价值而不是从儿童识别书面和印刷文字符号的能力的角度进行选择时，历史和文学才可以占有恰当的位置。

我们在未来初等课程中有些控制因素——手工训练、科学、自然课、艺术和历史。这些学科使儿童积极的创造性冲动保持活力，并且引导它们，对它们进行训练以形成有效地参与社区的思维和行动的习惯。

要是我们在低年级的语言课中所付出的努力突然被放弃了，或者减到最小，那么我们学校后期的状态毫无疑问要比早期的差。我们所需要的不是直接的替换，而是考虑整体的情形，组织科学、历史和艺术的材料和方法，使它们成为教育的恰当的中介。我们当前的许多弊病，应归因于折中和不坚持。我们做的事情不三不四——既不是系统而全面渗透的"3R"的学科,也不是在建构活动、历史和自然课中对学生进行一贯的训练。我们所做的是对两者的混合。"3R"学科被假定提供了学科的元素及构成了成功的标准,而后者提供了兴趣的因素。我们所需要的是:把在学科框架中总结出的理想的彻底性、明确性和秩序,与在"兴趣"一词中所诉诸的个人能力和要求,进行全面的协调。就它与初等学校的关系而言,这是一个教育规划。

变革必须逐渐地实现。偏袒激烈的反应和不当的强迫都将危害最后的成功。第一步所需要的是,生理学家、心理学家以及那些意识到当前体制弊端的学校管理者应该联合起来,就所涉及的事务发表全面而坦诚的立场声明。教育者也应该坦然地直面以下事实,即今天所存在的新教育是一个折中和过渡:它采用新的方法,但是它的受制的理想事实上属于旧教育。无论在何处,期望解决问题的行动总是理智地进行,它们应该受到来自社区的睿智的领导者在道德上和财政上的鼓励。现在已经存在相当数量的教育"实验站",其代表了教育进步的前沿。假如这些学校能够充分地得到支持,它们将起着巨大的替代性服务作用。在这些学校详细而明确地制定出新课程的教学内容之后——找到语言学科的恰当位置,并客观地估量它们——更一般性的改革问题将被无限地简化和便利化。接着就可以着手制定清晰的标准,有条理地安排材料,采纳连贯的方法。因此,成立和装备这样的学校是最明智的和最经济的政策,它可以避免在教育改革中由随意的、间歇性的努力所导致的摩擦和浪费。

总而言之，学校改革取决于在校董会、督学和教师中传播的舆论间接而广泛的变化，还有在教育系统中直接受到影响的某些小幅度的改进和细节上的变革。然而，学校不是一个孤立的机构，它是一个社会力量的有机体。要确立学校工作的科学原则，相应地，就意味着在整体的社区中具备思维和行动更清晰的视野和更明智的标准。教育方案最终意味着社会要认清自己的条件和要求，以及坚决地满足这些条件和要求。一旦获得认可，我们就无须怀疑相应的行为。假使社区一旦意识到它所舍弃的恰恰是建立在生活上的教育，它就会转而用充分的智力和物质资源来满足当前教育的需求。

第三部分

教育实验

附属实验学校的定位是教育学工作的实验室

外在必要性：以大学的科学研究特长开展高级培训，避免教育知识空心化

内在必要性：组织教育理论和实践的力量，传授科学方法，开展教育实践

实验学校的需要[1]

在美国，目前只有芝加哥大学在开始的时候曾以系统和平衡的方法，为教育学的学生提供毕业实习的机会。这意味着，从事教育学工作的大学教授、师范学校的教师、培训学校的校长、城市的教学督导和学监没有足够的职前准备就得投入到他们的工作中，或者他们必须在教育条件大不一样的德国先进行一番学习。这个事实接着会导致：承担组织、指导和管理我们整个教育系统的全部小学和中学的教职员工，由于缺乏科学的训练，不正当地任凭意外、反复无常、教条或者无用的实验肆虐。由于这些事实，我们在芝加哥大学教育学系的工作困难和机遇皆备。这不是与培训学校和师范学校竞争培养学校的各年级教师，也不是和其他学院争夺对教育理论和历史研究的教学资源，而是组织教育学系的有关力量，以先进的方法教学和指导相关的班级。第一所从事这种工作的大学，以我的判断，将会得到认可，并真正成为我国各类教育力量的领头羊，这一点会得到真正的确认。它存在着巨大的，但尚未被美国教育界利用的教育契机——无论从巨大的需求量、该工作的内在重要性来判断，还是从机构首次组织

---

[1] 给威廉·雷尼·哈勃主席的信，1896 年。未重印。

教育系的工作所引起的人们注意来判断。康奈尔大学的斯楚尔曼（Schurman）主席（第47—52页）的最后一次报告，说明了其他的机构开始看到这种情形。在报告中，他详细地讨论了刚才提到的状况，请求在康奈尔大学组织教育学院的毕业生从事这种工作。我想占用大家一点时间，详细地说明和表达人们对芝加哥大学开始的这项工作感到的满意——这种满意来自意识到目前需要的教育管理者和师范学校的教师。在对目前开端工作的有限好评中，我们看到了对未来可能性的预言。

示范学校的运行与理论指导相关的观察和实验，是整个计划的信心所在。没有这些，任何一个教育学系都不能给教育从业人员带来自信心，而这种自信心正是教育学系在寻求拥有并以此为指引的；没有实验和检测的单纯专业理论，将不会赢得教育专业人员的尊敬。而且，它的缺失会使理论工作具有闹剧和虚假的特征——就好似首先在科学中给予全方位的培训，然后却不给在实验室工作的教师和学生一个实验室一样。另外，这样的学校极有可能是最有效率的，因为它用系统的方法保证教育学系的必要捐款用于教育系统教职员工的培训工作。事先寻找到一些认识这种新工作的重要性以至于愿意捐款的有钱人，几乎就是一件碰运气的事情。学校自身具备这些要求，它已经开始了示范。而且，学校倾向于激发自我发展所需要的兴趣。很难建议大学通过提供某些人的孩子几乎尽可能理想的教育来轻易地获得他们的利益，将其作为一项政策，就任何方面而言，就更不可能了。

相当明显的是，对于这样一所学校而言，停滞不前就意味着后退。它必须尽可能迅速地发展，招收从预备学校到大学的各个学段的学生。很有必要在教育从业人员面前尽量发挥我们的作用，影响感兴趣的父母，也为教育学系的学生提供全方位的培训。

　　承蒙贵协会提供的财力，示范学校现有了第一批两年半的小学课程。已有的拨款可以维持六个月，总共是1250美元。如果贵协会能够设法维持赞助的规模，也就是支出1896年7月到1897年7月这一学年2500美元费用的话（包括六个星期暑假的支出，那时候会有一大批教师住校），那么将有可能向更高的学段扩大我们的工作，包括四年半的课程，向下包括幼儿园学段。这种扩大在不增加相关费用的情况下是可能的，主要原因有：学生人数一多，学费的收入也多，经济上稍有回报；永久的设备已经具备；以较低的价钱利用大学生做助手的可能性在不断增长；所激发的足够的兴趣，证明了可以从学校的朋友和大学筹到一部分款项。

约翰·杜威敬上
哲学和教育学系首席教授

大学的附属学校 [1][2]

那些对教育实验感兴趣的人的注意力,集中在由芝加哥大学教育学系主办的学校上。学校位于金巴克大道(Kimbark Avenue)5714号,目前注册的有32名学生,他们的年龄从6岁到12岁不等。学校有两位正式教师,一位是克拉拉·米切尔(Clara Mitchell)小姐,毕业于芝加哥师范学校,也曾在该校任教过;另一位是凯瑟林·坎普(Katharine Camp)小姐,毕业于密歇根大学,最近在普拉特(Pratt)学院师范部主持科研教学工作。坎普小姐将负责学校的科学教学工作,米切尔小姐负责历史和文学的教学工作。我们还有一位专门的教师指导木工工作和木工手艺,还有一位音乐教师和一些来自教育学班的助手。

健康问题受到我们的特别关注。孩子们可以使用大学的体育馆,并有条件得到负责女子体操的安德森小姐的指导,她将仔细地研究每个孩子的体能需要。不同形式手工训练的突出之处,在于保证对身体和精神健康必备的各种丰富多样的活动形式。在怡人的季节,我们经常步行去博物馆、公园、乡村的地理和自然景

---

[1] 首次发表于《(芝加哥)大学记录》,第1卷(1896年11月),第417—419页。未重印。

[2] 首席教授约翰·杜威于1896年10月31日星期六在教育俱乐部做的演讲。

观，以及芝加哥市一些典型工厂。这些短途旅游活动不仅是经常的，也是必须的。

1. 附属实验学校的定位是教育学工作的实验室

我们学校是实验室。它是教育学工作的实验室，与教育工作的关系，就像实验室与生物学、物理和化学研究之间的关系一样。像任何一个实验室一样，它有两个主要目的：（1）提出、检测、证明和批判理论的表述和原则；（2）以它特有的体系丰富事实和原理。然而，明显的是，实验室要求大楼和设备，但是我们的实验室却只有一些开展工作最必需的设备。这些设备的条件还只是当初化学和其他实验室几年前的水平，那时候实验工作的需要才刚开始出现。参观者应该牢记这一点。

正因为实验室最重要的功能不是提供能够立刻投入使用的方法和手段，因此，我们学校的目的也不是制定出能够直接应用到分级学校体制中的相关方法。一些学校的功能是根据现有的标准提供良好的师资，另一些学校的功能是创造新的标准和理想，并由此导致环境的逐渐变化。如果比目前的公立学校开设人数更少的班级，配备更多的教师和作出不同的工作假设是明智的话，那么，就应该有一些机构来实现。这就是我们学校希望做的事情，这并不是不切实际的目的，它也并不抱着想把这种特点立刻转用到公立学校之中的目的。

2. 实验的假设和工作要点

实验蕴含的假设是：学校就是一个社会机构。学校之外的教育几乎是完全通过参与社会或群体生活而进行的，参与者自身就是其中的一个成员。通过语言和个人的接触，整个群体的智力和道德资源有效地，即使是无意识地，转换到了每个成员的心中，自由地付诸他们的行动之中。而且，每一个体和其他的人一起承担某些事情（以游戏和工作的方式），由此学会自我调整适应环境，获得自我控制的特殊能力。

这里列举的工作要点是基于以下的假设——更形式化的学校教育和无意识调整都遵循着相同的一般过程，只是对此进行了组织而已。学校是一个特殊的社会团体。在这个团体之中，过于复杂的环境被减少和简化；有关这种简化的社会生活的某些思想和事实，传达给了儿童；在这种生活中，儿童并没有要求去从事所有的活动，而只是开展那些根据儿童特殊的适应性专门选择的活动。

总的来说，这种简化的社会生活在微观上应该复制整体社会生活的基本活动，一方面能够使儿童逐渐地熟悉更大群体的运行结构、材料和模式；另一方面，它能够使儿童个体通过这些行为标准进行自我表达，拥有自我控制的能力。基本活动（也包括那些儿童最常接触的）是那些与作为保护中心的家庭、庇护所、闲暇、艺术装饰品和食品供应相联系的活动。因此，学校工作的目的在于集中这些活动，并且尽可能地使儿童在自己的经验中逐渐地、有秩序地和社会化地复制这些活动。因此，教育的重要性附着于手工训练和烹饪等。它们不是需要分别掌握的特殊技能，而是一种媒介。通过它，儿童可以获得社会经验。它们也是一种最自然的中心，围绕着它，知识材料可以聚集和转化给儿童。它的意图在于把这种相同的思想应用到教学的每一学科。家庭活动是这些活动的起始点。在普通学校里教授的不同科目，是社会活动基本形式的必要产物。试图建立一种知识的上层建筑，且不以儿童与社会环境的联系为之稳定的基础，这造成了许多的教育浪费。就语言的关联而言，科学、历史或者地理不是它的中心，而是来自家庭关系的社会活动群体。它以动机而不是以感知开始。既然在新教育中多次提到了感知训练，那么最好问问儿童在什么刺激下开始感知。注意自身就是选择性的。动物的眼睛只对那些与它的活动有关系的事物炯炯发亮——猎捕食物，或者逃避危险。儿童也是如此，他注意与他的活动高度相关的事物——换句话说，注意他感兴趣的。因此，感觉从动机中获得刺激，从儿童希望从事的活动中获得刺激。当儿童正在使用锯子或者刨子的时候，不需要去创设一系列的刺激吸引他的注意力或者使他感兴趣。他为了活动而必须使用这些工具，因此他的感觉处在非常机敏的状态之中。这是以儿童活动为开始的心理原因。在社会的方面，这些活动把儿童引入到人类世界的关系之中；就个体而言，活动向儿童揭示了儿童自身就是这些关系的一个因素。

3. 实验学校的学习模式

普通学校的学习模式发展于社会活动之中，此点是显而易见的。阅读、写作和拼写通常教得太早，显然这些学习科目要求的大脑中心还没有充分发展到使儿童感到愉快和受益的地步。在最初的两年就让儿童的阅读和书写构成学校的大部分工作，是教育的重大错误之一。在这个时候，真正的方法是偶尔教他们一些来自社会活动的阅读和书写。这样的话，语言不是思想的主要表达方式，而是社会交往的工具。通过它的使用，儿童日复一日地与这种活动保持接触；儿童通过它将自己特殊活动的结果传达给其他的人，他自己的意识在了解他人的思想和行动的过程中得到扩展。如果语言与社会活动相脱离，并且自给自足的话，它就不具有发展途径和手段的价值。如果给40个儿童上相同的阅读课，每个儿童都知道了其他的儿童所知道的，所有的儿童也都知道了教师所知道的，那么社会的要素就极大地被排除了。当每一个儿童都有个性化的东西表达，社会刺激就是学习获得的有效动力。这并不是宣称，通过以上所建议的方法，儿童将可以扩大阅读面，或者在某个学段比用通常的方法更乐意地阅读。我完全可以自信地宣布：当儿童发展了真正的语言兴趣的时候，他将取得更大的进步，儿童生活的连续性也不会中断。

计数是小学生学习的三个神圣基础中的一个。把家庭活动作为学校学习的基础的话，木工活动、烹饪和缝纫经常需要大量的度量工作。在这种活动中，儿童可能学到的内容比没有用乘法表学的多，但是他能够知道什么是真正的数字，而不是在目前学校中学到的单纯的数字技术。如果儿童只被教授抽象关系，他就不能够根据现实生活的要求把它们转换成具体的形式。如果他们从实际活动开始的话，就不会存在这种困难了。一位在烹饪学校的教师说，他的成人学生仅花了将近一个月的时间就感悟到度量的真谛。任何人能够怀疑他们的乘法表或者分数知识吗？如果数字不是以数字的方式教，而是作为一种工具通过活动教的话，其结果可能是：这些为活动而活动的活动可能更有秩序和更有效，那么它就提出了另一个不同方面的假定，提供了洞察人类在社会生活中实际使用数字关系的方式。

科学与生活活动的关系也是同等重要的。在种族发展的历史过程中，科学是种族活动的结果，而不是为了自身而探究的结果。因此，当儿童的活动引导他踏上知识的旅途时，儿童重复着种族的经验。烹饪引导儿童来到植物、化学和相关科学中；我们使用的煤，教给儿童地质学和地理知识，也包括植物学知识；同样地，木工工作和缝纫引导儿童掌握原料知识，了解建筑的过程。所有这些，赋予儿童对生活的艺术和它们与人类关系的洞察力。在真正的意义上，它们将形成通向历史的林荫大道，因为历史就开始于人类对自然的征服。从居住在树林和洞穴中的原始人的生活开始，逐渐地增加其他要素，直到儿童握有开启他周围复杂社会生活迷宫的钥匙。历史，作为简化的社会生活，为任何阶段的文学教学打下了恰当的基础。教师教授《海华沙之歌》（Hiawatha）和《伊利亚特》（Iliad）时，应该与对各自诗歌中所表现的社会生活的研究相联系。

  目前考虑中的主要教育问题之一，就是课程教学内容的恰当组织和以上提到的学科与其他表达方式之间的关系，如绘画、着色和模仿。就以上假设而言，明显的是，我们已经找到了课程组织的原则；同样明显的是，每一种学习在教育的统一体中都有着不可替代的功能。我们的假设不是要作为被证实的结论而接受，而是需要在不同的情况和条件下检测和证明。就此而言，认真仔细地进行实验，其价值是毫无疑问的。

大学附属小学的组织计划[①]

1. 教育的最终问题和原则

普遍的难题和目的

所有教育的最终问题是协调心理的和社会的因素。心理的因素要求个体自由运用他的个人能力，因此，要进行个体的研究，掌握他自己的相关结构。社会的因素要求个体熟悉他生活于其中的社会环境，熟悉所有重要的关系，在活动中接受与这些关系相关的训练。由此，协调要求儿童能够以实现社会目的的方式自我表达。

社会学的原则

（1）学校是一个机构，儿童生活于其中，作为组织成员之一参加到组织中，为组织作出贡献。这个事实要求对当前的手段作出一些调整，以确保儿童的在校生活成为他日常生活的一部分，而不是割裂两者；学校的建筑是儿童的家，而不单单是儿童在里

---

① 该文为个人打印稿，没有公开出版，望读者明鉴。该文是明确开展大学初等学校工作的普遍精神，而不是刚性的方案 [1895 年（月份不详），作者生前未重版过]。

面学习的地方。它也要求学校工作指导儿童意识到它的价值,而不是为某些其他事物,或者为将来所作的准备。

(2)作为一个机构,它是家和其他更大的社会组织之间的中介。因此,它必须从其中一个自然地发展而来,自然地发展为另一个。

(3)由于家庭是儿童熟悉的场所,学校生活必须尽可能地与家庭生活相联系。应该引导儿童考虑和实际掌握以家庭为中心的活动——例如,遮蔽所、房子和它的结构;衣物和它的构成;食物和准备食物;还有加深和拓宽相互服务的道德精神。

(4)对这些相同活动的考虑和要求使儿童与他们所依赖的东西发生关系——例如,对木材、石头和食物的考虑涉及学校活动的大量领域,把儿童带回到以前社会的状态。

(5)学校,作为一个机构,必须有通过多元能力和行动而实现的共同体精神和目的。只有以这个方法,它才能够获得有机的特征,包括相互的依赖和劳动分工。这要求与当前的分级体系分开,把不同年龄、性格、天赋和成就的儿童放在一起。只有以这种方式包含在分工劳动中的合作精神,才能够代替竞争的精神。当被假设具有同一成就的一些人在一起工作以确保几乎同一个结果的时候,竞争精神就不可避免地随之发展而来。

(6)机构的目的一定要能使儿童把他的能力转换为社会等值的术语,能使儿童明确这些能力在社会生活中能有何为、意味着什么。这包括:

①对其他事物的兴趣,诸如保证对真正的需要——体谅、细

心等作出反应。

②能够形成社会观念或者目的的社会关系的知识。

③对自己力量的意志支配，诸如使他能成为实用的社会代理人。

心理学的原则

（1）儿童从根本上而言是行动和自我表达的存在，知识和情感通常在对活动的把握中发展，来自于活动并回归到活动。这种活动既不是单纯心理的，也不是纯粹物理的，而是通过活动的意象表达。

（2）由于儿童是社会的成员，他的表现通常是社会的。儿童意识不到活动，除非他觉得该活动导向了其他的活动，并且唤起了其他活动的反应。例如语言，无论演讲、书写，还是阅读，从根本上来说都不是思想的表现，而更是社会交流。除非语言实现了这种功能，否则的话，它是不全面的（和有些不自然的）。因此，从知性上和道德上而言都达不到教育效果，缺乏完整的或者有机的刺激。

（3）智力活动对表达活动的依赖，表现如下：

①感知—知觉。

a.感觉。为了展开、持续或者强化外在的或者表现性的活动，对颜色、声音和味道等的感觉在功能上是必要的。否则的话，诉诸感觉活动或者意味着它因为缺乏有机刺激减弱和减少了，需要机械地补偿它；或者意味着感觉分散和消耗了，为了自保要求持续的刺激。这些都远离了感觉的作用或者功能。我们经常忘记，无目的地刺激眼睛或者耳朵必定导致两种后果：一种是机械地刺激反应，要求器官自我保护；另一种是造成对这种刺激的欲望——在原则上，对眼睛或手的欲望，就像味觉对酒精一样。

b. 观察。心理自然地选择或者放弃与自身表现活动和维持活动有关的材料。它选择手段、线索和信号来传递自己的意象。如果与这种功能分离的话，观察会变得呆板。纯粹的辨别活动会成为一种心理分化的实践，还会堆积一些或者被忘记了的或者由纯粹记忆力维持的材料。

②观念。如果活动中的观念的功能导致观念与刺激分离的话，观念从知识或者感知的意义中退化，变成了纯粹的信息。这必然是间接和守旧的。符号的价值在于对活动手段提供经济有效的指导。如果被隔离的话，就会变得毫无意义和武断，起着混淆和分化的作用。连贯的表达活动总是逻辑的，有它自己的方法，需要对相关材料的选择进行判断。

总之，我们可以说，正常的关系是：感觉—观察选择进一步自我表现的材料，推理过程决定表达活动中运用这种材料的手段。因此，心理学的原则是：心理总是从整体开始表达功能、作用和活动，然后由此到形式、客观的特征和抽象的关系问题。

（4）对表达活动情绪上的依赖可以表述如下：

①以任何形式，无论道德的还是审美的，直接诉诸情绪将不可避免地导致把这种情感与它的正常功能隔离——即评价和强化活动的功能——使它情绪化。

②在教育中，兴趣的作用是普遍公认的。正常的兴趣伴随着所有的自我表达活动；其实，它只是个体对活动的内在意识。除非儿童欣赏他正从事的活动的目的，除非他意识到活动，意识到掌握他眼前知识的动机或者理由，否则的话，无论兴趣的外在表现多么彻底地被刺激，他也形成不了真正的兴趣和注意。更进一步而言，儿童通过本能发现目的或者动机是不是真实的，发现该目的或者动机是不是推动他做某事的借口。正是因为缺乏真实的动机，特定情景所固有的实际需求才经常使情感和兴趣的训练变得偏颇。由此，重要的是：不但要应用做中学的教育原则，而且要让儿童制作出吸引他们的和尽可能被需要的东西。

③与此相联系，重要的是：如果要产生教育兴趣的话，应该制作出真正完整的东西。兴趣随着能力感和成就感而来（正如在手工训练系统中）。当儿童被迫制作一系列与他的其他活动没有关系的几何图形时，或者当教师不考虑儿童活动与制作完整产品的关系，一直让他操作某一个工具，重复某一些活动，直到他掌握为止时——（相关的）兴趣便衰退了。最初，儿童应当认识到他正在完成某件产品，某件被需要的产品。即使它是外表粗糙的，但这也好过使儿童一直去做一些对他来说大量无意义的事情，即使他的成品在外表上看来是多么完美无缺。换句话说，健全的兴趣要求，智力的和实践的技术是儿童在积极的表达过程中，在制作完整产品的过程中掌握的，而且涉及儿童对这种制作的需要的认识（儿童具备能力感和掌握感不仅是必要的，而且应当意识到他自己的局限性和缺点。当以上提及的原则被坚持的时

候，这种情感就会产生。在儿童承认他的产品与期待的目的或者功能的不适应中，他已经把自己的缺点客观化在自己眼前了，而且接受了修正它们的刺激。当真正的和必要的完整产品不是根据儿童自我表现活动生产出来的时候，就不存在这种判断的标准）。

④兴趣的原则经常被贬低为娱乐，或者使某件事有趣而招致滥用。完整的或者有机的兴趣，只有当儿童完全投入其活动时才能被认识到。他的活动，客观而言，即使是相对微不足道的，也必定是作为有价值的和真实的工作吸引着儿童。

a. 如果努力是令人厌恶的，工作并不意味着劳动，而意味着把注意力集中在一些公认的必要事情上的能量。

b. 在这种意义上的工作与有意识地"虚构"意义上的"游戏"相矛盾，但是与自由表达意义上的"游戏"，与所有艺术活动的原则相一致。当儿童意识到他只是在游戏的时候，他就停止了游戏，因为兴趣逐渐消失了。

c. 简而言之，表达活动把两种观念统一在一起：一种是目的的观念，它证明自我，因而是自由的（游戏原则）；另一种是投入所有能量，实现这种目的的观念（工作原则）。

（5）学习心理学。学习是介于无知和理解之间的内在心理过程。通常，当表达过程中的意象为了保证正常的表现，被迫扩展自己并与其他意象发生关系的时候，学习就自然而然地发生了。这种意象的延伸和发展是实现的媒介，当表达材料被提供，当儿童认识到它们是实现目的的手段时，儿童就获得了这种媒介。换句话而言，在学习是间接的，在注意力不放在学习的观念上而放在实现真实的和内在的目的——观念的表达上,学习的过程就符合心理学条件。

2. 教育上的应用

如前所述,问题在于社会因素和心理因素的协调上。更明确地说,这意味着以这种协调的方式推动儿童的本能和能力去进行表达活动。这样的话,儿童的冲动、能力和活动等可以服务于他将实现的社会目的;由此,儿童的愿望和能力也有了表现的方向。起点总是自我表现的冲动;教育的过程就是提供(被动地和消极地)这种材料和条件。这样的话,表达的内容和形式或者模式将在正常的社会方向上发生。这是无论在整体上还是在细节上,决定学校全部运行和组织工作的标准。

因此,儿童处理基础性社会材料——居住(木工)、衣物(缝纫)、食物(烹饪)的表达活动是教育活动的起点。这些直接的表达方式同时需要衍生的表达方式,它们更明确地显示出社会交往的因素——语言、书写、阅读、绘画、铸造和模仿等。

通过这些衍生性的模式以及与这些模式的关系,它们(1)回到科学,即研究这些被使用的材料和它们被加工和控制的过程;(2)引导文化,即认同这些活动和与这些活动相联系的其他活动在社会中的作用。这还紧接着导向历史研究——认识这些不同活动从简单到复杂的发展过程。非常明显的是:这种活动一旦开始,无论是在科学上还是在历史上,都要求承认自然材料和过程与人类活动之间的关系。这就需要分析通常被称为"地理"的系列事实,它提供了材料和解决相关问题的手段。同样明显的是,无论是在心理的还是在社会的方面,唯一充分的相关基础是儿童自己直接的表达活动——他的制作能力。或者把"科学",或者把"历史和文学"作为相关的基础,在心理学上都是企图用知识的术语进行不可能的综合活动,只有活动真正使其成为一体。在社会学上,它或者抽取了材料或者抽取了结果,忽视了统一和解释材料与结果的过程,或者使其处于附属的地位。

因此,学校中的相关性理论具有以下的特征:

(1)统一的基础总是在制作活动中,包括意象或者观念(知性的),被要求执行观念的协调活动(意志的)和协调过程中的兴趣(情绪的)。

(2)三种典型的活动,烹饪、木工和缝纫(广义上的)在心理上为制作活动提供了充分的时机,在社会上代表了人类的基础性活动。

(3)在这些活动被要求赋予制作活动以价值的限度内,教学方法就是把它解析成材料和过程方面的知识。把动植物生命、土壤、气候等作为活动的因素而不是纯粹的客体(心理上的非现实性)进行研究。因此,不是在算术、物理和化学过程中研究算术、物理和化学,而是把它们作为控制材料的形式来进行研究。自然的知识或者"科学",产生于对做法和个体制作活动材料的分析。

(4)更进一步而言,方法就是把这些活动执行到社会分支中。从一方面来说,当前的社会生活过于复杂,儿童难以实现;过去的生活，当被看作过去时，又是遥远的，在心理上是呆滞的。但是，通过他对自己的烹饪和简单制作活动的兴趣，儿童对活动在不同时候呈现的不同形式产生了兴趣。通过追随人类的居所和食物从史前窑洞居住时期，到石器和金属时期，再到文明时期的发展过程等，他能被引导到分析当前复杂的社会结构。

（5）由于对材料方面的活动分析引向了环境的知识，由于对不同形式的研究导致了历史的知识，我们在每一点上都考虑了环境与人类活动模式之间的关系——地理，无论是在最简单的地方特征上，还是在最广义的物质方面。

（6）无论是材料的最初制作及考虑，还是活动方式，在每一点上都要求以交流的形式进行表达。这样的话，到处都有艺术表达的需求——绘画、色彩和模仿、语言和书写符号等。"文学"只是一种交流或者艺术表达的形式而已。

还可以说，我们已达到了一种新的相关阶段。诸如文学，当不是协调（只在个人制作活动中发现）的基础时，失去了把源自原始性统一的多样化兴趣和事实共同聚焦的时机（普通的协调理论没能利用不同的科目和现成的事实，而是把它们从统一中分化），在艺术的整体中被表现的多种意象必然紧密地融合在一起，不论此前它们是多么丰富多彩。

学校的其他显著特点，很可能已被充分地指出过了。再次要求学校注意提供真实的社会生活；注意研究个体儿童，使活动能够恰当地表现他的能力、爱好和需要。还要注意间接训练原则，接着是对过程启动的必要强调，暂时不要祈求创造直接的外在产品。相信恰当的过程一旦获得，将在适当的时候决定它自己的产品；试图把结果剥离于正当的心理过程，只会导致过分的强迫和力量的逐渐分解。

3. 教育工作的应用实例

A. 内务工作

研究房屋和地基

讨论管理的目的和手段

形成定期重组的委员会

地板	宠物
黑板	供给
水管装置	接待来访者
通风和供热	调度和管理人员
亚麻布品	庭院秩序
衣柜	游戏
钟	工具

房屋种植

购买需要的材料

提供需要的服务

学习价格和质量

绘出附近的简单地图，展示家和学校之间的关系

在与城市和邻里的企业、商店、工人和价格等关系中开展学

校活动；对大学和博物馆也是一样

尽可能通过研究土壤和气候等现象与学校的烹饪和园艺生活的关系；学习该地区的矿物学、地质学、地理和历史

B. 木工制作

木 材

火柴盒	针线盒
砂纸木块	盛新鲜出炉食物的圆盘
绕线机	模型工具（二年级和三年级）
码尺	固定植物的棍子
铅笔卷笔刀	机筒罩
米尺	长柄勺
鸡舍	材料托盘
植物棚架	铅笔盒
三脚架	刀叉盒
切纸机	矿物盒
方凳	种子盒
模型工具（一年级）	餐具架
面包板	书架
试管架	玩具
毛巾架	有历史意义的房子和船等
餐具托盘	烤箱铲
矿石托盘	工具架

纸板和纸

盒子　　　　　　圆角板

托盘　　　　　　玩具

信封　　　　　　模型等

书套

研究教师的教具或者发明一套

讨论材料

研究木材

收集木材

为标本贴标签和排列标签

拜访木匠和木工

研究树木的生长，树的生命；观察本地区的树；了解树的商业价值——区域地理，图画中的树——通过使用、形式或者历史使之有趣

木材市场；价钱；运输；木材化石

与木材有关的劳动价值

作为建筑材料的木材与石头、砖等的比较研究

建筑学——从巢居演化而来的历史

建筑学——受地理条件的影响

研究人的居所——在历史和当代；研究精品建筑画；模仿和设计

写下和阅读观察记录

写、阅读和活动有关的学科历史和说明

以书面形式保留记录——设计封面

为这些记录绘制图表

用铅笔、蜡笔、沙和粘土等画出刚才讨论的故事、发明和地点

制定备齐物品的工作计划

绘制简单的地图，标示交通路线等

精确地预测需要的工作量和已经完成的工作的状态；价格——对一个儿童来说——对班级来说；记账；定购和购买材料

学习木材的价格——价格差距的原因

学习人工成本——原因

学习交通成本——原因

算　术

测量和估计制作的物品；长度测量——面积测量——体积测量

所用材料的价格；原材料的价格；准备这些材料所需的人工成本；不同国家生产的数量

测量树；不同部分的精确生长；不同树之间的比较，同一棵树的不同部分；

不同木材的灰烬重量；国际公制

研究节省劳动的机器成本；节省的劳动力数量；收益

货物运输的距离；运输价钱

物品制作的报销账目；账单的开具、保留和给出收据等；购买材料

土壤和其成分及其吸附能力的度量和称重

植物学：树的生命

选择个别的树，观察它们的季节变化，进行比较

研究树的结构，了解其构成部分以及每个部分的作用；有根和无根的树及其树干、树皮、绿叶层、树液、木材、果实、树杈、小枝、叶子、茎干、叶身、叶脉等；对环境的适应；就使用、美观、产地和历史等进行木材的比较

树的审美效果，以个别的、组和群为单位；不同国家树的特征

化　学

木材的构成部分——灰烬、木炭和水

活组织中的食物同化作用

与其他建筑材料比较的木材燃烧

历　史

其他人在其他的时代对木材的使用

没有这些工具和材料，我们怎么办

通过粗糙的石器时代和精致加工的金属时代的历史，讨论知识的发展和原始人的发明

一些著名的历史建筑物和建造者

因在建筑上的发现和发明而出名的人

从事林学、伐木、碾磨、木工以及泥匠、石膏匠和石匠等各行各业的人

油彩和绘画：研究记录的树及其部分、不同国家的木材、所

讨论的人的居所、研究的建筑；举例说明与建筑物和建筑材料有关的工业；研究各个时期流行的绘画，研究象征建筑发展历史的绘画以及优秀绘画家对植物的处理

用粘土、砂石和纸板做的模型：能够用哪些方式表现的生活和发明的形式、洞穴、粗糙的工具等；向不同国家或地区求购的木材

物 理

研究材料的热冷效果；它们对建筑的影响

楔的作用——通过考察已完成的产品

杠杆的作用——通过考察已完成的产品

螺丝钉的作用——通过考察已完成的产品

在操作材料和模仿建筑的时候学习平衡和重心

水能和实用的机械，在参观制造厂中了解

尽可能经常模仿发明

动物学

保护人不受环境中负面因素的影响

与植物和动物的适应手段相比的人的适应手段

季节变化对形成动物本能的效应

潜在的植物生命

冬眠

地理学

我们使用或者研究的树的原产地，特别是我们附近的树

木材生长所依赖的地理条件；灌溉——溪水的生命和它与树

的关系；温度；土壤

影响工业发展的地理条件、水道、铁路、水能等

地质学和矿物学

土壤——形状和质量；对植被的影响；相互之间的比较

陈腐的木材——煤等，观察与历史相关的条件；地质时代的故事

建筑中使用的石头和岩石；它们对土地和人的作用；检测，历史

建筑灰泥、砖、玻璃等

C. 食物

煮米饭　　稀饭　　　　豆类

煮土豆　　没有发酵的　　——烤的

烤土豆　　面包——用水和牛奶　豆类

碾压小麦　　——用蛋　　　——在汤中

用水煮　　没有发酵的面包　煮牛奶

用水煮玉米粉　酵母　　　炒蛋

用水煮燕麦片　豆类——烤的　烧肉

从做好的菜开始研究任何种食物

科学和历史将有助于展示食物的作用和准备烹饪的最好手段

实验是发现最佳工艺的方法

饮食和消化的初等生理学

饮食和消化的初等卫生学

研究食物成分的入门化学——含碳的，含白朊的、矿物质的——通过加热、组合和消化等产生的变化

对诸如热、光和机械等力的应用的物理学

植物学：食物的生产——引起园艺、农垦、营销的研究

历史：其他的人是如何使用，或者曾经使用这些食物的——他们是如何生产它们的

与历史和植物学有关的地理学

通过土壤与植物生长的关系研究矿物学和地质学

参观市场和储藏室等

参观农场、花园、养牛场、面包房、制造厂、药店

学习食物的质量和价钱

学习与食物生产有关的劳动力的价值

了解以从事这些研究工作出名的人

植物学

研究作为食物的植物

种花草，记录它们的生长；把我们自己的植物和其他地区的植物进行对比

初步研究微生物

化　学

我们食物的构成成分——蛋白质、碳、矿物质问题——不同的烹饪方式对它们产生的影响

组合食物元素的效果

消化和吸收——初步的原则

发酵

不同燃料的燃烧；研究火苗

物 理

研究烹饪用的机械和器具

在空气、水、金属和气体上的加热效果

算 术

食物的运输——距离等，不同时期进口和出口的食物数量

准确地测算食物加热产生的效果；蒸发和膨胀

作为烹饪要素的时间；研究钟表；报时和计时的不同方式

准确地测量儿童的体力和比例

食物的价格——批发和零售——进口的和国产的

重量和度量；在需要的时候教算术的过程，一旦涉及小数，教学小数

英国常衡制

量干物的干量

液体度量

度量和重量的国际公制

园艺——面积——平方面积制

植物及其部分的准确生长，进行比较

土壤、水等的准确重量，以及与生长的关系

我国植物生长测算和其他国家的比较

作为生长要素的时间；研究日程表

动物学

饮食和消化的生理学；初等卫生学

人类的营养供给与动植物相比较；吸收和消化器官的比较；适应

动物获取食物的必要活动；身体的不同部位对食物作用的适应；动物的组织、生长和卫生等

历　史

其他人对这些食物的使用；食物准备的方式

烹饪上的发明

从原始状态到文明的历史；通过狩猎等途径从食人者生活到现代生活

遵守和在"木工制作"中一样的计划

因体力而出名的种族和个人——勇气

英雄主义的故事；体形完美的希腊理想

参观博物馆

地理学、地质学和矿物学，与在"木工制作"中一样

D. 衣物类

卷边毛巾　　围裙　　书包

衣架　　工具袋　　外衣等

衣物除尘器

观察材料；学习价格；购买

收集材料——未加工的和加工的

研究必要的器具

棉花、羊毛、丝绸、毛发等的构造

参观碾碎机、纺纱机和拜访织布工人等

发明使用这些材料的设备

这些材料的历史以及它们被其他的人使用的历史

发明的进化

参观博物馆中的人类遗迹

这些材料在工业上的使用；材料的适应性；可燃性——与纸张和金属相比较而言的导电性

衣物的历史——从原始状态发展而来

动物的遮盖物——比较动物的种类；适应性

衣物的卫生——血液的循环——呼吸；哈维[①]的生活故事；其他时代人的装束

纤维——东方人的手段——颜色——设计

织物和衣服上的设计图案；裁减和制作——实用分布

特别注意其中包含的商业细节

写、读、模仿、油彩、绘画等，和在"木工制作"中的计划一样

[①] 威廉姆·哈维（1578—1657），英国医学家、解剖学家、血液循环发现者。——译者

植物学、地理学、地质学和矿物学

根据"木工制作"中的计划。

特别研究羊毛、丝绸、棉花的生长地区；制造地区；商业中心

动物学

比之于动植物遮盖物的人的遮盖物

对环境的适应

与获得衣物有关的动物活动。部分动物的特色器官

特别研究为我们人类提供衣物的动物

历　史

和在"木工制品"和"食物"中的计划一样

物理学

尽可能地研究缝纫机、手纺车、织布机等

尽可能经常地让儿童自己发明

器具对使用的适应

将能力应用于要完成的工作中

力的控制

算　术

如果可能的话，根据问题自身的呈现去解决机器问题

价格等，和在"食物"和"木工制品"中一样

准确测算所研究的动物的特别部分——作为生物学结论的数据的比较和比率

所建议的计划——两个月

一月——第二周

检查校舍和地基，提出工作建议

把儿童分配到委员会工作

经销一年的供给

卷边的毛巾和衣物除尘器

制作纸板箱

制作纸信封

测量孩子的身高

历史：其他人是如何缝纫的；原始人；爱斯基摩人

地理学：洞穴的初步观念

算术：码尺和英制尺的使用；供给价格、数量等（加法和减法等）

工作量的记录和阅读，历史讨论，进行观察

一月——第三周

继续给毛巾卷边和给衣物除尘

做饭

制作砂纸板

继续测量身高

历史：根据衣物进化的线索学习

植物学：研究淀粉细胞；观察木材、谷物和它们的硬度

算术：度量的使用，木材的成本。"长度单位"

物理：热对水产生的效应

一月——第四周

制作绕线器

继续研究米饭

为刚烹饪的菜制作食物架

历史：继续第二周的工作计划；以米饭为主食的人

植物学：研究树和木材；种植大米

地理学：种植大米的国家

动物学：与棉花和亚麻相比较的丝绸和羊毛织物

算术：在不同温度时水被蒸发的量；液体测量

二月——第一周

制作码尺

继续研究大米

做围裙

历史：继续研究衣物的历史——还有烹饪和建筑的历史，从原始人到文明人，随着儿童发现发明的需要

植物学：淀粉细胞和树

算术：预测需要的材料数量；价格；购买

物理学：通过缝纫机观察牵引的力和节省的能量

地理学：有木管乐器价值的树的分布

动物学：生理学和卫生学有关食物的简单原理

二月——第二周

制作铅笔卷笔刀

制作米尺

制作工具袋

制作纸板箱

烤土豆

植物学：继续研究淀粉细胞——土豆——木材和树

算术：长度测量的国际公制；材料的价格，所需要的数量等

生理学：食物

历史：衣物、制作、食物，继续进行

几何学：圆

一次教育学的实验[①]

芝加哥大学教育系已经开办一所规模不大的小学[②]。这所学校与教育系的理论研究密切联系。它与大学相邻，位于第57大街389号。学校有两方面的工作，当然它们是一件事情的两个方面。学校一方面教育儿童，另一方面培养学生，他们在大学里学习教育学。学校不是一般意义上的教育实习场所，其主要目的与其说是让教育学系培训教师，倒不如说是吸引教师，他们拥有丰富的经验，希望进一步熟悉专业理论，了解更多的近期教育动向。于是，教育学系的研究生主要是从前的督学、师范学校的教师。这所小学的目的是关注理论研究与实践需要的紧密联系，使之成为一所检验和开发教育方法的实验基地。教育方法在具体研究实验后，积极地、稳妥地向其他学校推广。毫无疑问，许多普通学校在这个方面——推出的教育方法来源于坚实的心理学基础，并且已经在重要的实验检测中具体使用——需要非常明智的指导。

小学的实际工作遵循汇聚而成的三条路线。第一条路线是给

[①] 本文首次发表于《幼儿园杂志》，第8卷（1896年6月），第739—741页。未重印。
[②] 这所小学的正式名称是"大学初等学校"，后来叫"芝加哥大学实验学校"。因是杜威创办和他对学校的影响，许多人称为"杜威学校"。学校共办了八年（1896—1904）。——译者

每个学生的学习评分,不给儿童自身严格评分。刚刚从幼儿园毕业的孩子与那些有两年学校经验的孩子在一起学习、工作,每个孩子都在与不同年龄、成就和兴趣的孩子的接触中受益。儿童期及儿童期以后的大部分自私行为,似乎可以归咎于严格的评分体制所作出的强迫性区分。在合理自由的联系中,儿童不仅获取道德教育,而且得到理智培养。在比较落后的儿童面前,激发自然而然的动机,让他们去阅读,去讲述观察或者学习所得,这是儿童在同龄的伙伴面前,从一种设计简单的"背诵"活动中获得的。

第二条路线是:学校在这样的信念下运作,小学中的各种"学习活动"被充分运用,但它们不是被作为学习活动来对待,而是被看作儿童生活中的影响因素。儿童到学校里做事:烹饪、缝纫,在简单的建筑活动中,运用木头、工具劳作;参与到这些活动中,学习书写、阅读、算术等等。自然方式的学习,指的是缝纫和手工训练。这些根本不是教育中的新特征,也许大学初等学校新颖、特别的地方即:这些活动不是被看作学习而引入教育的,而是作为儿童活动和日常作业;并且比较正式的学习活动尽可能地被分配到作业中,在这些活动中自然地、逐渐地形成。在烹饪、缝纫和木工中开展的度量和称量活动,为学习数字提供了大量的机会;这些活动把儿童的注意力引向其他人的生活方式,了解发明和工具是如何产生的,从而为学习历史打下了基础;这些活动引导学生外出寻找资源等,并提供了学习地理的机会。他们参与学习化学、生理学、物理学中的原理。如果儿童没有运用这些原理,那么他们就不会真正掌握它们。他们通过接触自己生活、成长环境中的植物、动物和矿石来学习生物学。事实上，我们发现，不论儿童参与活动还是改进活动，当儿童的问题出自从事的活动时，解决会遇到较少的阻力，儿童最容易学习；激发萌芽状态的能量，使儿童最有效地学习。如果遵循后者，我们应该尽可能多地在活动中引入艺术的成分。根据现阶段的教育学，以上内容可以总结为：儿童自身的生活（在其中，饮食和居住等熟悉的活动反复出现，这些是家庭生活主要的活动）为建立联系和统觉理解提供了最好的基础。

第三条路线可以简洁说明，事实上，它与第二条路线有关联。这个问题是：给予儿童的教育材料要有内在价值，使其形式的、机械的方面严格从属内在价值，取代在一个基础上过于频繁而琐碎地教授任何东西。这个基础是教育的主要目的，是学习正规内容——"3R"。[①] 现在幸运的是，自然方式的学习并非因第一次提出而完全不被人知晓。也许小学科学活动的典型特征是努力把科学素材组织成相关联的整体，而不是呈现为孤立的事实，或者间断地从一个事实到另外一个事实。无论是呈现孤立的事实，还是过早强迫儿童获得关联的意识——有关联的事实指的是：它能吸引儿童的兴趣，考虑儿童的生长，所有伟大的科学概括都遵循关联的原则——都是不必要的。只要第一项研究涉及教育方法，那么从某些方面说，这样的研究应该在大学里实施。这一定是合作研究。没有人能够在所有方面是专家，没有人能够掌握

---

① "3R"指读（reading）、写（writing）、算（arithmetic）。——译者

所有丰富的、准确的事实和资源。芝加哥大学的大批研究生提供了一个群体，可以从中挑选一些人，他们有兴趣改变自己认为比较重要和可靠的事实，而且小学希望这些学生的学习能力持续增加。这样做，既是为了迎合引进材料和方法的导向，也是为了实际教学工作。

我们希望明年将拓展这项研究工作，覆盖 6～12 岁儿童。如果芝加哥大学和初等教育领域的朋友们能够务实地表明，他们相信自己的智慧，能够联合双方致力于一项合作性的教育研究工作，一座新的而特别建设的校舍将不成问题。这学期学费已经下调（12 周计 12 美元），目的是学校可以体现普通学校的特征。学校在工作期间，欢迎所有对此感兴趣的人打电话，参观校园。学校只有一段时间，时间是从早上 9:15 到 12:15。

作为一门大学学科的教育学 ①

1. 外在必要性：以大学的科学研究特长开展高级培训，避免教育知识空心化

就培训而言，教育科学和教育艺术存在着明显的不同分工。我们肯定有这样一些学校，其主要任务是培训普通教师，主要功能是培训教师大军具备从事该职业的武器，指导他们的实践工作。这些学校的职责必定是沿用成熟的方法开展培训工作，而不是着手实验新方法。事实上，他们也一定意识到应该接受新思想，但是，在为学校培训初级教师的过程中，很少有学校明智而主动地采用没有时间保障和缺乏经验支持的思想和方法。

与上述培训学校并行的，肯定还有一些不是着力培养普通教师而是专注于培养教育系统中领导者的学校。这些领导者包括师范和培训学校的教师、教育学教授、学监，以及大城市里的校长们。这些校长手下的教师，比小城镇的学监手下的教师还要多。这些领导者不需要别人向他们介绍工作的初级知识。他们已经在

---

① 本文首次发表于《芝加哥大学学报》，第 1 卷（1896 年 9 月），第 353—355、361—363 页。未重印。参见《杜威全集》，早期著作，第 5 卷，附录 3。

实践中经历了"学徒期",并学习了一些理论基础知识;而且,作为管理者,按照惯例,他们已经过大学培训,知道如何开展有条理的科学工作。再给他们培训初级的工作要领和简单的方法,这种领导者身份的学生必定会很不痛快;因为他们已经熟悉了更高智力层次的工作,已经掌握了更井然有序的智慧方法。由于这些实情,学院的毕业生在接受完大学教育后很少到师范或培训学校求职。如果他们对自己的教育学知识不满意,除了选择去某所德国大学深造高级的或者初级的教育学知识外,几乎没有其他的可供求助的资源。

这类培训院校应该而且也能够更直接致力于教育学的研究和实验工作。被培训者掌握了已有的理论,知道教育学当前的现状;他们成熟且能够平衡学习和工作的矛盾,完全可以开展研究和实验工作。向他们介绍他们暂时没有能力成功应用的理论,没有困惑和为时过早的危险。这类学院的学生不仅有能力主动涉足发现和检验新理论的研究,而且也需要获得这样的能力。因为他们不满现存的教育体制或自身所处的教育环境,通常他们会探索这种高级的培训。

倘若在美国由大学组织开展这种高级培训,或在某种程度上将其作为研究生学习的要求,那么,毫无争议,显而易见的是这项培训应该作为工作重点。

急需在美国的大学开展这项工作的另一个理由,可以从我们的社会与政治传统中获知。我们的传统,一向反对由政府权威实施的任何封闭、僵化和集权的教育管理和督导。与美国其他领域的体制相比，教育中一直以来的极端地方自治更胜一筹。就当下的目的而言，无论人们对这种倾向表示遗憾或称赞，几乎都不会产生任何实际影响。显而易见，我们的教育系统需要来自专家的引导和系统化的管理。如果政府没有提供这种资源，在自愿的基础上进行管理是非常重要和必要的。如果没有官僚的控制，我们就必须使用科学的权威。除非极端的离心力引发的混乱还将持续，那么大学就是教育组织理所当然的中心。大学应该紧密联合，瞄准当前形形色色教育实践中出现的最重要的问题，科学地检验问题，设计出为具体应用的形式，将其提交给公共教育体系，让科学去证明而非以征服去强压。基于合作的教育体系之间的自由而全面互动的组织，是非常必要的。它一定可以获得德法两国集权制教育体系在他们本国当前国情下所取得的成就。

我愿意提及另外一事实，它表明大学注定是担负这种高级培训责任的地方。教育系统已经爆发一场重建运动。在此，我们不可能穷尽地描述实现这场重建运动的条件。但是，其中的一个条件是本世纪人类理智的伟大进步。这个进步在历史和科学领域同样伟大。知识积累如此之多，以至于通过许多新的研究的不断引入，教育系统正面临解体。一方面，人们不断地疾呼课程变动太大，抗议大量知识施加在学生身上，使得他们焦虑迷惑，学习内容庞杂；与此同时，增加学科的要求，增加每一门学科的学习时间的要求，又从来没有停止过。这种压力始于大学和高中，如今正在蔓延到基础年级，其原因部分来自社会的渗透，部分源于大学和高中要求开展诸如以下的那些训练，因为它们被认为将缓和以上的困境。正如任何教育期望可能的那样，非常明显的是：如果在大学和高中诸如增加语言的种类，扩大文学研究、历史、物理和生理科学的范围等要求得到满足，即使一半被满足，那么人们必定要求改变较低年级的教学方法。在小学——是的，也在幼儿园，将沿着同样的思路开展工作。是否要明智地对传统的"3R"课程东修修西补补，已不仅仅是局部的暂时权衡之计的问题，而是从幼儿园到大学整个教育系统，不仅是其本身作为一个体系而且在对当下社会环境的适应中进行恰当的组织和平衡的问题。

这场重建运动可能会以偶然和经验的方式进行，诸如现在正尝试这样的计划，过会儿又因某种原因将其放弃，对要达到的目的没有意识，没有利用多方面成功和失败的经验，并浪费卷入这场变革中的时间、金钱和人力。或者如果变通处理，这场改革可能以下面的方式进行，清楚地意识问题的本质和将要达到的目的，并且调整达到目的的手段。就后者而言，其实现的条件在大学应该可以最清晰地得到满足，因为在大学里，我们追求心理学和社会科学的系统化，科学研究处于其发展高峰，研究方法得到非常充分的发展。另外，显然，在大学里积累了大量先进的知识，正努力突破现状，影响初等和中等教育学校系统。换句话说，在初等和中等教育中引进科学或历史的实验，既有内容的问题，也有方法的问题。我们可以合理地设想这种尝试富有成果，产生效果；因为在实验中，这种教学内容得到了最充分和准确的呈现。在较低年级引进科学方法和知识，其中一个困难是：被传授的"事实"不是真正的事实，或者说是用互不相干、相对不连贯的方式引进的事实，所使用的方法已经过时。我们应该把儿童置于最高级的水平上，使他们从一开始就忘记最少的东西，最少地去纠正某些特定的知识和方法，最大限度地达到准确，根据观念和原则的重要性与未来的生产力来选择它们。如果有某种地方，那里专家济济，科研持续进步，实验室、图书馆装备完善，那么可以满足这些条件的地方就是大学。从另一方面说，把专门化的知识应用到教育目的中的必要性，是避免专家眼光变得狭窄的最好办法。这一使命，使得我们有必要根据专门知识在其他学科和人类本性上的应用来审视它们。从广泛的人类兴趣的观点来讲，高等教育的一个危险是：随着知识的高度专门化，学术中心脱离群众，远离日常生活的可能性正在不断增加。文化与生活分离，而不是交汇。将专门研究的结果应用到教育目的中的问题，迫使教学内容和兴趣抽象化。

2. 内在必要性：组织教育理论和实践的力量，传授科学方法，开展教育实践

教育学学科一直缺乏完整的组织。没有任何一所德国大学的教育学学科是以具体和系统的方式呈现的。在实验之前能够确定下来的是：为大学目的所进行的教育学学科组织将包括四个主要方面的讨论和研究，它们相互关联，都关注实验学校的实践、实验和展示。

在这四个方面中,有两个主要与教育管理有关,另外两个关涉教育的学术方面。

从某方面来说,学校必须被看作一种社会和政治机构,在某种特定情境中与其他机构有其自身独特的关系,并有其自身内部组织和管理机制。从这个维度,产生了研究各个阶段的学校系统的历史和理论的教育科学。从历史上看,我们必定知道那些对文明作出贡献的各个民族如何管理自己的教育力量,必定知道他们有着什么样的现实理想,以及如何建构实现这些理想的工具。希伯来人、埃及人、希腊人和罗马人,每个民族的人民心中都有某种类型的人物,提供某种社会和政治服务;部分由本能致使,部分是因有意识的设计,每个民族都调整教育系统来满足这些要求。学校系统始终对社会生活最普通的组织发挥着作用。

正如同时期的其他系统也是非常重要的,英国人、法国人、德国人和美国人对这些系统研究大致与教育机构研究——现有条件下,在我们国家所能取得的最好的组织和管理理论的另一个方面——紧密相连。

这样的理论研究包括以下主题:各级政府与教育的关系,各州的体制以及它们与乡村城镇方针政策的关系,研究乡村地区和较大城市的管理和控制状况以及表现出的各种问题,学校系统与其他政治机构的关系,培训教师的不同方法,学校监督者地位和监督权的特殊问题。可列入同一类项目的另一种问题,与学校工作的实际中心,即学校建筑物有关。它们包括经济和财务管理问题,学校体系内学术工作与经营管理工作的适当分工问题,与学校场所、管道、座位、黑板等处相关的卫生设施与措施问题，教学建筑和室内陈设与装饰艺术的审美问题，实验室、博物馆、图书馆以及整个学校工作设施的问题。

教育学在大学学科中应有其平等的一席，对此持怀疑态度的那些人忽视了目前我们手边大量确证的知识，也漠视收集整理这些知识的需要。这项工作既不是粗糙的推断，也不是诉诸武断的经验方法，而是汇集成一个由历史学、社会学和经济学知识构成的确定性领域，把这些事实与来自心理学、卫生学和医药学等学科中的其他事实相结合，在研究中实现广泛科学知识的综合。

当我们从教育管理方面转向学术方面，这种需要尤为紧迫。资源相当详细明确，面向科学方法的愿望更为强烈。与作为社会机构的学校的发展历史并行的，是与教育相关的思想的历史性发展。正如学校机构的历史与其他社会机构的历史相互关联，因此，也与反省思维的历史、哲学史和宗教史有关。正如管理记录了人类机构发展的历史，学术也是人类理智发展史上的有机组成部分。没有任何理由不付诸同等的精力，甚至更多的精力，阐述科学或者哲学的历史。理论研究包括对具有历史意义的素材的概括，包括对业已出现的不同系统的教育学的研究，包括彻底地探讨心理学和社会学与课程的选择、安排和序列化的关系以及充分和有效实施课程的手段。如果我们机构方面的相关研究称为是教育场地的研究，那么我们遇到的问题是如何利用这个场地，如何从中为人类生活获取最大的价值。

我们没有理由将教育学局限于上述提及的最后一个问题，即教授一门学科的方法，如同我们不会把生理学局限于医学最不确定的和最经验的方面。事实上，学科内容和方法是极其重要的问题，因为它是学校机制如何触及人类生活的问题，是教育机制如何转换为人类活动的问题。但是，在历史学、社会学、政治科学、生理学和心理学等学科的支撑和簇拥下，这样的研究充其量是用某些工具使某些学科受到欢迎，就像鱼肝油处方不能穷尽科学的卫生学和医学。教育方法与学科内容不可能分离，它就是一门学科和另一门学科的关系问题，是一门学科与人类心灵的关系问题。教学内容来自于对强加其上的教学内容的抽象，出于自己研究的方便，与世界上的其他知识和文化，与社会中的人类生活发生具体联系。对于快速发展的心理学来说，它既有机会也被要求发挥作用，决定学科与处于不同发展阶段的心理之间的关系。我们也需要一种综合的哲学，系统研究不同科学之间的关系并作出结论；还需要获取科学本身最广泛和最详细的知识。教育学中的大学教学的授课和理论研究就讲到这里。然而，每一门大学的学科现在都要开展研究，进行调查，为世界资源添砖加瓦。收集、系统化和保存过往理论和实践的成果是它永无止境的使命。它还负有根据现时需要，检验过去的研究成果，积极贡献新知识、新理论的责任。大学的工作重心应该越来越多地放在实验室和学院工作设备上。

在教育学系里，我们在哪里可以找到这种工作设备？答案显然是学校，它将在实际的正常运转中检验和展示理论工作的成果。经验已经证实了曾被认为是先验的东西，已经使我们确信：

教学方法，无论是在大学还是在师范学校，其有效性主要取决于课堂上所讲授的理论与学校实际工作相结合的程度。只有通过这种方式，学生才能获得讲义和教科书中所呈现的知识的真正力量；也只有通过这种方式，我们才能明确课堂教学不再含混和不切实际。进而，如果存在教育的科学，那一定是一种实验的科学，而不是演绎的科学。所有秩序井然的实验都预示着两件事情：一个研究假设，即一个将被检验的思想；另一个是进行验证所需的充足的设施。实验中，理论和实践必定不断结合，相互作用。主导思想必须引导和阐明实验工作。实验工作必须服务于批判、修正和建构理论。

但是，正如大学里的教育学教学工作接受不同于师范学校的指导和组织，附属的实验学校也同样如此。前者是一所实践学校。这意味着在这所学校里，未来的教师获得职业技能方面的实践训练，为实际教学工作做好准备。但是，大学的附属学校实践里的"实践"是一个拓展了意义的词汇。它主要指一些教育原则受到检验和证明，而不是针对学生个体。严格意义上说，这所学校是一间实验室。没有了它，教育学系的教学工作在相当程度上处于失序和瘫痪状态，就如同化学和物理系仅仅依靠讲义和教科书一样。

这个事实几乎没有得到名义上的认可，几乎谈不上在实践中被认可，它恰恰表明教育的整个科学的组织处于多么落后的状态，表明社会还没有清醒地意识到把科学的探究方法和组织应用到教育事务当中的可能性。期待教育中发生在化学中的那种转向并不是过于乐观，因为人们意识到了该方向的可能性，人们愿意像在其他事业上一样为此付出时间和金钱。唯一的阻碍是怀疑的论调，它潜伏而不张扬，被动而不主动。它怀疑教育能否成为理智的组织行为，教育能否真正落入科学方法的领域，并易于受理智运用规律的指导。

　　让习惯性的、曾经被动摇的信念做好充分的准备。让它与教育的重要性相称，在某种程度上关涉人类的生活，要求回应教育学主张其为教育实践组织力量的科学理论之吁求。毋庸置疑，一所化学实验室可以通过商业直接进口染料和药品而实现自足，它最终的产出是功利性的，更不用说它对化学真理的揭示了。这是不是令人满意，则是另外一个问题了。令人难以置信的是：最终，人们是以一种不那么丰富而全面的方式掌握教育理论的。在许多方面，美国公众对最高层次教育需要的反应是非常显著的。历史上还没有类似的这种"挥霍"，因为在过去的二十年里，人们大方地让措施"听命于"教育兴趣。令人难以想象的是，人们对科学探究和教育资源组织的付出竟然少于这种"挥霍"，或者说在教育更直接和更明显的方面与此又不相同。当务之急，是详尽地开始显示该工作的重要性和可行性。

委员会就初等教育详细计划的答复报告[1]

海尔曼（W. N. Hailmann）博士在去年报告中提出的观点，引导了贵委员会以下报告的讨论和议程。[2]他在报告中指出：学校教学和管理必须来自于学生的经验；必须牢记，学校教育的目的和结果不是在其自身中寻找，而是在丰富学生的经验中形成，在学生的自我表达和成就能力中提升。他还说，这种发展必须是社会的——"在社会的共同努力中，在积极的相互投入到有价值的普遍理想中，个体的目的和社会中其他人的目的产生同情心的协调"。

学校工作与个人成长的关系理论形成了以下报告的新起点。它的作用只在于增加科目知识，提高某些教学艺术运用的技能，明显地排除了普通教学原则为自身利益的研究，也同样排除了学校教学与管理的细节研究；就它们必须应对作为儿童发展中介和工具的学校行为而言，它考虑到了细节，也没有遗漏原则。当然，这种限定决不意味着贬低以前所追求的价值，它只是表明理论和实践的局限。特别委员会的工作就夹在这种局限中。

---

[1] 首次发表于《全国教育协会的演讲和会议录》，1898年，第335—343页，未重印。
[2]《全国教育协会科研论文集》，1897年，第199页。

下面的报告包括：

（1）研究的普遍精神和目的；

（2）达到目的过程中方法的普遍特征；

（3）关于使用具体方法的建议，后一点还可以分解为对实践和管理层面的方法的介绍。

1. 精神和目标

任何被提议的研究都需要时间和资金的投入，都应当来自于对目前情景的某些特别需要。如果只是采用一般的原则，那么它就注定要失败。而且，与特殊需要有关的特征决定了展开探究的独特之处。因此，我们认为，初步的最好建议是在这个方向上对当前教育情景的需要进行证明。

然而，这里要提醒大家注意。它从未暗示教师需要有意识地知晓这些提出的条件和原则。我们只是从普遍的立场出发，希望简要地说明一些正在进行的教育改革及其改革理由；愿意建议这些改革具备深层的原因和意义；渴望更进一步地表明，由于问题的主要状态对所有为教育利益工作的人是通用的，那些最成功人士的经验应该对其他的人有所借鉴。我们仅是希望把教育改革放到普遍的社会视野下来加以考虑。

毫无疑问，我们处于教育危机之中，这一点也不夸张。但是，我们还有清醒的理由说，教育内容和方法正在进行决定性的再调整，正在根据预先确定的步骤重建过程，虽然出现了一些困感和不确定性。作为个体的教育者和教师所要承担责任的教育系统变革是不存在的。它是一般社会变革的反映。然而，事实的依据就是：不管其他社会机构和力量何时发生变革，因为个体处于社会机构之中，也必须随之发生变革。这种变革，因为部分就是效果，也就反过来又成为原因。学校不是被动地去适应那些外在强加在它头上的苛求，而是具有它自己的社会功能，这种社会功能要求学校采取措施，主动地决定其他社会力量的运转。

有效地修正学校行为的倾向很多，特别要提到以下几点：

（1）教育设备和资源的大量扩充，为年轻一代的教育改善了条件。上个世纪——是的，几乎整个上代人——随意地把大量贵重的设备作一般工具使用，而这以前或者是少数人的特权，或者是设备很粗糙而不能在教育中使用。设备的增长主要有两个原因：一个是纯科学，特别是生活中应用科学的发展；另一个是民主的发展为每个个体在艺术、实践成就、学业等方面带来了发展的机遇，而这些以前只是对少数人开放。

有人说课程丰富多样，有人说课程繁多挤塞，这仅仅是社会发展的反映。历史、文学、自然科学、音乐、素描、绘画以及不同形式的手工训练，对于高年级学生来说的基础代数、几何、一门或者两门外语等，都纳入了基础教育阶段的学习范围之中。他们或者是赘生物、外在的附加，或者是不仅具有自身价值，而且能够强化所有教育因素价值的有机因素。就关系总是以某一种形式出现而言，所谓的"新"教育，意味着或是学生的挤塞、分心和过度刺激，或者是他的有序生长和生活的丰富多彩。

（2）当然，随着教育设备的增长，社会对学校的要求也在增长。民主的发展加强了训练的必要性，不仅要以好公民的方式，而且要以社会和政治中的积极领导者的方式，表现对社会的服从和归顺。工业范围中的革命，就是由机器的引入和社会交往模式的便利而导致的一场革命，它引发了对现代工业和商业的科学事实和过程的知识要求。它要求掌握足够的实践能力，与工作条件产生共鸣，以使得学生在毕业的时候能够对控制个人命运的这些力量具有敏锐的知觉。这种反应必须既是积极的，又是被动的。新的发明一个接一个的如此迅速，以至于那些被动适应的个体肯定在由机械化变革和商业运作方式带来的调整适应中落后于他人。除非他沉沦于半依赖的状态，甘于当不熟练的工人，或者被施舍的对象，甚至罪犯，否则他就必须接受训练，具备使用自我才智的能力。这样的话，才能使他自立，才能有助于决定他自己的事业。

（3）民主的发展倾向于使儿童越来越成为他自己的目的。现在，他被看作是一个个体，不仅在生物性上或者潜在性上，而且是在实践上。将奴隶和卑微的劳动阶级转变为以自己为目的的人之同一社会运动，正在影响着儿童的地位和主张。毫无疑问，这种运动充满着危险，也充满着高度的成就感。除非这种倾向得到充分的指导，否则它就意味着对家庭更危险的瓦解，对养育年轻一代的松懈，而年轻一代正是无纪律的、丧失士气的、除了他们自己的一时兴致和瞬间兴趣之外不了解其他规矩的人。但是，心理科学的发展增加了我们洞察儿童个性的手段。因此，面对着新的要求，我们有了满足这种要求的能力。然而，对问题和回应作出调整和适应的基本责任就落在了学校和家庭上。考虑到学校教育方法和内容与儿童生命的主动发展和指导这个问题的时机已经成熟，他们无论如何必须作出调整。

社会发展的不同时期把新的责任强加给学校，学校力图部分通过本能、部分通过目标来担负起这些新的责任。学校要尽力注意，个体应该主动地或者被动地为正在形成的社会做好各就各位的准备。为了实现这个目的，学校必须自由支配所有的工具，一致而明确地使用所有的工具，使它们确实地发挥作用——既不是单纯的时尚，也不是在陈旧而常规的学习中单纯外在地引起和刺激兴趣的工具，而是整体的儿童个性发展的内在工具。

不同的群体因影响力不同，感觉到的要求也就不同。由于地区性的和易变的因素，他们满足要求和取得成功的程度就不同。然而，在乡村和城市，在农业和工业地区，在贫民区和在充满着财富与文化气息的地区，要求迟早会变得一致。

如果根据这些方面进行研究工作的话，我们现在遇到的特殊问题是：收集表明该方向更高成就的结果；组织它们以方便其他的教师可任意支配使用，由此阐明所有的工作，向他们展示成功努力的渠道以节约时间，提高他们的工作效率。

在某些学校，他们已经完全做好了进行必要性的再调整的准备。他们不是基于普遍的考虑，诸如那些已经提出过的；而是基于当时情景的直接需要，教师通过本能的机智、同情和良好的判断来感知和满足儿童的具体需要进行再调整；或者可以说，如果它最初是来自理论的,那么它通过检验其对工作环境的应用,早就丧失了单纯的理论特性。

接着,给予教育的机会和要求就是搜集这类资料,详细审视和比较它,以发现它的行进方向和蕴含于其中的原理;然后以某种方式呈现结果,该方式就是让成功地使学校工作适应于儿童生活需要的少数一些案例能够适用于所有人。

2. 追求的方法

(1)以上我们谈了被提议的研究和当下的教育情景之间的关系,接着要讨论的是归纳的和实验的方法,而不是教条的和演绎的方法;它应该是探究的,而不是纯粹说明的。说当下的教育学离理想的状态还很遥远,并不是对教育学的苛责,甚至就普通的教育原则而言也是如此,即使它们与经验发生联系,并且这些经验来自优秀教师的同情和实践智慧。教育学作为一门科学,绝不可轻视与经验的直接联系,因为经验使所有其他科学富有成果。

除了这些,普通的教育原理如果缺乏对学校日常工作的适应的话,虽然可能存在,但在实践中却失去效用。在普遍原理的王国和学校日常工作的细节之间总是存在着明显的鸿沟。从专业性的和官方的立场而言,后者可能来自于前者,但实际上,在很大的程度上,它们可能仅仅是习俗的惯性,或者经验的手段。这些惯性和手段由于取得了一些外在的和暂时的成功而无需证明其合理性;或者它们可能是某些教育者的固执己见和能量,借助于此，他们将个人特殊的主张强加于学校系统之上——产生了阶段性的席卷全国的某些浪潮。

从普通教育学的角度而言，我们所需要的是：应该真正通过与普遍原理的有机联系来阐明和解释常规的工作，而普遍原理也需要适应细微的学校工作，从而激发和保持旺盛的生命力。我们最迫切的需要是，避免目前在普遍原理与经验主义的常规工作和根据经验所得的实际做法之间的二元论。我们所提倡的这种研究，必须促进理论原理和实践细节之间的至关重要的联系。

在所有科学研究的范围内征服了归纳法之后，我们并没有号召在教育中捍卫它的主张。举证的责任肯定落在那些事先宣布这种程序模式为无效的人身上。植物学家避免研究具体的植物及其根茎等，就是因为他只能收集到大量经验性的细微证据，而且这些证据在科学性和实践性上毫无价值。对于这样的植物学家，我们会怎么想呢？这样的立场只能雄辩地说明，名义上公开宣称的普通原则令人不可相信。人们越是坚持普遍原理，相信普遍原理的价值，就越是肯定研究成功的教育工作将使这些原则发扬光大，不是以纯粹抽象的形式，而是具有操作成功的权威；不是作为与实践相隔离的普遍原理，而是通过它们的具体应用，以实现最终目的理想化的普遍原则——儿童的生命发展。

（2）无须多作考虑，我们就可以承认，恰当地组织和呈现在归纳研究中取得的成就，是一件相当困难的事情。同样危险的两个极端都必须加以避免。在一方面，自以为被收集的材料为先验的原则，并由此简化材料使其符合预想观念框架。这样的方法从外表上看是对材料的组织，但对于整个的研究却是致命的。在另一方面，不参考原则就呈现原始的、未经整理的大量细节。收集来的大量资料足以压倒教师；或者，如果教师采纳它们，将导致他们对文字的单纯模仿，无法洞彻其中的精神。

在委员会承认对材料误用的这种可能性时，它决不认为这种结果是可能发生的，不是那么不可避免的。首先，人们可能会建议采用某些倾向于控制已有材料数量和特征的原则；其次，人们会建议采用有助于恰当解释的原则。

（1）考虑到已有材料局限性的一面，可以制定以下原则。我们想当然地接受了学校传统的常规工作。只要我们确实探究这个问题（下面还要进一步谈到），它就是为了表明其他工作得以进行的条件。探究预先假定现有学校机制的运行处于美国社会的一般水平，或者高于平均水平。由此，当我们对此想当然地接受的时候，探究降低或者证明其合理性或者攻击它的必要性。唯一的问题在于，我们要在加强而不是限制儿童必要的成长和儿童直接的生活经验中特别使用这种机制。这个限制的原则立刻允许我们拒绝考虑大量的细节，否则的话，这些细节将倾向于堵塞探究和阻碍系统的解释。这样的材料确实有价值，但是它与这种特别的探究不相关。

这种限制原则的另一个应用之处，可以作如下表示：就有助于掌握一门特定的科目而言，这种探究与学校的教育方法或者设施没有关系。例如，有的学校在保证学生早期阅读能力方面特别成功，而有的学校却以成功地赋予学生特别灵巧和精确地计数的能力而出名。被提议的研究与这些事实绝对没有任何的关系。我们探究有声的、文字的和句子的方法的相对价值，或者这些方法变化的相对优势，或算术中某种特殊方法的优点，但是这种探究不在于其观点自身。我们有理由思考这些问题，并且通过教育期刊等媒体对公众广而告之，等等；但是被提议的研究目的是从扩大和丰富儿童的直接经验的立场上讨论方法，而不是从进一步掌握知识和学校的教育艺术的立场来讨论。这种原则通过界定需要的精确类型，限制了可利用的资料数量。例如，对于阅读和书写，不是与告诉儿童如何最迅速和最准确地学习相关，而是与指出读的能力如何在儿童道德发展中得到运用相关，与扩大他的眼界相关。在学校生活和教育方法中，哪些促进儿童阅读优秀的文学遗产？哪些有助于将儿童的阅读应用于儿童的发展？因此，在算术中，重要的不是教学数字的方法，而是在丰富儿童的日常经验中引导儿童感知和使用数字的方法。

同一种普遍的原则可应用于任何理论中。例如，我们以相关问题为例。这里要考虑的问题不是使一个科目与其他科目相关的一致性或者合理性，而是考虑该科目与儿童生活的重要联系，正如它在家庭中，在操场上，在儿童日常的非学术化的职业中所表现出来的。它不是地理与历史或者与算术的相关问题，而是地理与儿童日常经验的相关问题。地理教学的方法就来自于这种相关，并且反过来又启发和解释了这种相关。

（2）而且，在结果的组织方面，要发挥限制原理的作用。全部的问题是与儿童发展的有机关系问题。虽然我们对于后者远未像我们希望了解的那么多，然而我们借助于生理学和心理学的发展，掌握了某些作为材料收集标准的普遍原则。我们在发现某些方法和材料确实有利于儿童的发展之后，就可以做大量的工作，解释它们为何如此。非常可能的是，这些心理学的原则无法事先预言或者推论出这些结果。但是，这些结果一旦呈现，就可令人欣然，并且通过心理学原理进行说明。已有的结果，我们可以再一次重复的结果，在很大程度上是个别教师本能和同情的直接结果。但是，一旦掌握了它们，就可以根据更大的原理重新定位和解释，即使教师起初无力掌握这些结果。

当然，这不是说，这种解释工作成为最终呈现的一个决定性因素。心理学的原理在于使用而不是呈现。它们统一地和有秩序地安排材料，其根据的标准能够使教师掌握方法的突出特征；并且，通过洞察这些方法成功的原因，摆脱卑屈的模仿。这样一来，将可避免单纯的资料收集带来的混乱；其他教师通过掌握在与心理和道德发展原理的有机联系中生成的结果，能够自由地使用它们，并根据情景的需要自由地作出调整。

3. 专门方法的使用

以上我们概括了被提议的探究的普通特征以及方法运用上的精神，贵委员会将就付诸行动的实践方法提出一些建议。接下来，我们将讨论探究的管理行为和在教育方面意指的特殊要点。

管理方面

（1）由于受到强加于研究之上的特定任务的限制，研究应该由具有完全自决能力的委员会进行。委员会应该在规模和类型上保证百家争鸣，不仅有教育学的理论，而且有实践的经验。它还应该在全国范围内接纳委员。

（2）为了满足上述的各种需求，大型的委员会就成为不可或缺的组成部分。同时，还应成立小型的核心委员会，这样就可以进行规律和方法的探究。它可以起指导团体的作用，如指导教学，发布报告，承担最终结果的校勘责任等。

因此，贵委员会将提出如下的一些计划：任命13人委员会，其中四个人组成核心委员会，其余九人是特定地理区域中选举出来的区域代表，范围包括整个国家。这九个区域代表是分会的主席，授予其任命区域参会者的特权，以保证他能够成功地在他所属区域开展必要的探究工作。核心委员会应当处理提交给它的资料。探究至少包括两年，扩展到三年的可能性应该通过明确的思考和讨论。探究应该是耐心和坚持不懈的，具备充足的时间收集资料，进行后期的资料整理，否则的话，探究将是无效的。为了完成这些任务，我们应该请求全国教育协会为委员会的支出提供适当的资金。在第一年，资金总数应该足够支付核心委员会速记员的工资、印刷和邮费等开支；在第二年，要足够支付同样的开支，还有秘书服务的工资。他们应该在核心委员会的指导下，认真地完成工作。

教育方面

贵委员会在考虑探究的细节问题上所花费的时间和精力比在任何其他的事情上都要多,所搜寻的信息也应该关涉于此。委员会包括一些分会,不同的研究领域分配给不同的成员。琼斯主管与儿童发展相关的学校里的一般行为;达顿负责学校工作的伦理方面的问题,以及学校工作与社区其他教育因素的关系;阿诺尔德小姐负责初级课程的科目;普特姆夫人和布鲁克斯小姐负责幼儿园和初级教育的一般精神和行为,既包括自身的发展,也包括两者对彼此的重要适应。经过协商,在简要地提出涉及的普遍问题之后,将研究项目分为特定探究的形式,似乎是明智的。下面就是问题和探究的概论。它是报告的真正核心部分。前面的阐述都是它们的预备。它将先于任何实际研究,用我们获得的诸多明确观点宣布学校工作赖以进行的标准。考虑到贵团体可以进一步指定任何委员会对这些标准进行扩展,这里呈现的是研究的主要标题。

与探究有关的问题

现代文明不断要求学校满足学校工作与文明要求之间的重要联系。

有证据表明,教师在工作中不同程度地对这些不断增长的需求作出了反应。

教师的努力可以大致分为以下几类:

（1）把学校工作的基础建立在学生经验之上的努力。

（2）对学生的学术经验系统化的努力，且用将会引导他向上和向前的理想生活的经验来补充学术经验。

（3）在实际成就中确保完成智力动作的努力，从而在知识组织中整理它们，造就个性，净化并丰富遗传性。

（4）利用个性的努力，通过将个人目的扩大到社会目的以确保奉献和仁慈的特性；指导个体的生活目标有目的地朝着健康的与社会群体的需要和抱负、理想和命运相协调的方向发展。

教育的机遇和需求就是收集这种材料，对它进行详细审查和比较，目的是找到它运行的方向和蕴含于其中的原理，以及呈现结果，让少数成功的案例能够被所有的人分享。

这就是被提议的探究的目的，它确实是归纳的和实验的。

这样的探究包括与传统学校日常工作、专门的方法和工具、科目的关联和心理学原理的讨论具有独特关系的事情。

这样的原理可能用于一致而有序地安排收集到的材料，而它依照的原则是使教师能够掌握工作的明显特征，洞悉他们成功的原因，由此摆脱机械模仿的必要性。

系列 1

（1）要做些什么来确定儿童入学的一般知识和技能？他的家庭环境的特征？他的风格？他的爱好？他的性情、希望和抱负？

（2）学校在何种程度上和以什么样的方法考虑、利用、鼓励、更改或者修正这些事情？

（3）做出什么样的努力，用什么样的成就组织父母对学校的兴趣？

（4）学生在温习功课和课堂学习中总是受到他们对校内外事物和现象的观察结果的影响，学校如何利用这些结果？

（5）学校如何利用不寻常的偶发事件和对工作的兴趣？它如何利用公众节日？

（6）游戏和其他的学校训练在何种程度上分享游戏的某些特征，用于实现和扩展儿童关于工业、商业和其他社会生活的知识？

（7）学校远足的作用有哪些？学生个体旅游的作用有哪些？

（8）请说出有关参与学校花园和窗口花坛活动的经历。有其他的照看动物和植物的机会吗？

（9）在布置学校环境、美化工地和建筑物以及选择照片和雕刻时，学校以什么方式考虑儿童的审美欣赏程度？又是以什么方式刺激他们的审美欣赏，进一步发展他们的审美欣赏能力的？

（10）在学校或者其他地方提供了欣赏优美音乐的什么机会？学校在工作中是如何利用这些优美音乐的？

（11）讲给儿童听的故事，在何种程度上依赖于儿童实际的或大概的经验？学校如何利用这些经验来刺激儿童的观察、研究、想象、理想和抱负？

（12）儿童的家庭、社区和学校环境如何被用于小学课程中的数字、礼仪、自然学科、语言、绘画、阅读和写作教学？

（13）在获得资料和表达普遍事实与规律上，学校是以什么方式利用实验和独立研究的？

（14）在工作室、实验室和学校花园的设备完善方面有了哪些改进？

（15）在绘画用具、音乐器械、图书馆和阅览室的设备完善方面有了哪些改进？

（16）在让学生进行不同的研究和练习中，你是如何激发新颖的研究探索精神、审美欣赏和积极向上的想象力的？请特别参考阅读、技术训练和自然研究来回答这个问题。

（17）复习的特征是什么？他们多长时间进行一次？

（18）请寄送学生和教师工作的书面记录样品，以及观察计划、学习课程、课表和儿童学习作业样品。

系列2

（1）某门课程的受益是以何种方式在其他课程或练习中被利用的，诸如算术和技术练习在制作活动中的作用？铅笔和画笔在自然学科、论文和报告、地理和历史等中的作用是什么？故事、阅读和语言——口头的和书面的，在连贯的、有条理的叙述、描写和报告作业中的作用是什么？

（2）在把不同科目中所获得的知识和技巧应用于实现特定目的的时候，你以什么方式利用幼儿园的娱乐活动、"小学生课间附加作业"的设备，以及后来的瑞典式的手工艺教育房、实验室的？

（3）在激发和培养儿童发明和创造能力中，在描述性和说明性工作中，你以什么样的方式利用这些娱乐活动？

（4）你使用的哪一种活动与数字、形式练习、自然学科和语言等有直接的关系？

（5）在哪种情况下有助于在歌唱和音乐演奏与游戏、行军、其他科目及其练习之间建立关联？有助于建立关联的可能性有多大？

（6）为了实现教学、背诵和其他合理工作的目的，学校以何种方式利用学生在口头和书面表达、技术技能和艺术技能中的特殊能力？

（7）为了使学生在欣赏和掌握传统艺术形式中取得进步，教师能在何种程度上考虑到学生的创造性冲动和他的原始观念？

（8）你以什么方式运用阅读艺术培养和激发学生的阅读习惯？

（9）学校有可庆祝的特殊节日吗？学校工作与这些节日的关系如何？

（10）在每个班和作为整体的全校，如何保证学生取得连续性的进步？

（11）如何测试学生的进步？多长时间和在什么情况下，学生可以升入高一级的学习群体和年级？

（12）你使用了什么方法保证学生在幼儿园和学校的过渡期间作出连续性的努力，取得连贯性的结果？

（13）为了保证自发的良好秩序，避免因为武断的动机和任意的惩罚而建立单纯形式化的日常工作、行军、班级的变动等要如何组织？

（14）如何在相似的基础上保证守时、安静和交流之间的必要平衡，养成整洁、爱护公物和其他的学校美德？

（15）有什么证据表明学校对儿童的爱好、审美欣赏、性情和抱负上的影响在其家庭和社区中有自由地表现？

系列 3

（1）在学校的一般组织工作中，如何培养集体精神？如何使儿童无拘无束？如何使每个儿童感觉在学校就像在社区中一样有他的位置，而不单单是学习的地方？

（2）在对操场、校园、教室的装修和维护中，在对其他儿童的关心中，在学校的远足中，在回家和上学的路上，提供了什么样的机会培养可信赖的领导能力和协调能力？

（3）如何让背诵成为进行经验和知识交流的动机和机会，而不仅仅是教师测试学生信息掌握的手段？

（4）在哪种情况和条件下，就学生和课程而言，你在群体和班级中进行个别化的教学？

（5）你怎么样和在哪种练习中给予儿童机会，让他们通过平等地交换手工作品去丰富个人的制作经验？

（6）为实现更高的社会目的，你怎么样和在哪种练习中给予儿童做出他们个人的主要是手工制造产品的机会？

（7）你给予儿童什么机会，让他们对更低和更高年级的学习和学生产生积极的兴趣？

（8）儿童在手工或者其他工作上怎么样和在哪种程度上为学校的美化作出他们的贡献？

（9）幼儿园娱乐活动、瑞典式手工教育房、工作室和实验室是以什么方式被应用于合作学习的？

（10）在预习和复习功课、研究、应用知识实现普通目的中，怎么样和在哪种学习或者练习中，劳动分工得到了保证？

（11）你怎么样和在哪种练习中把独立的阅读和为个性化准备的文字报告运用于社会化的学校工作中？

（12）在什么时候和何种程度上，音乐教育中采用了合唱和管弦音乐的形式？这些对学校的社会化氛围产生什么影响？

（13）学校的节日是如何用于发展学校的社会化精神的？

（14）是否有证据表明，对学校工作社会化状态的关注，会对坚强的、自立的个性和一种实际上明智的仁爱态度的形成产生有益的影响？

（15）是否有证据表明，学校通过关注社会化的训练，对社区的社会化倾向，或者至少对社区的年轻一代产生了有益的影响？

图书在版编目（CIP）数据

我的教育信条／（美）杜威著；杨小微，罗德红编译. —上海：华东师范大学出版社，2015.1
ISBN 978-7-5675-3041-6

Ⅰ.①我... Ⅱ.①杜...②杨...③罗... Ⅲ.①杜威,J.（1859～1952）—教育思想 Ⅳ.①G40-097.12

中国版本图书馆CIP数据核字（2015）第024262号

大夏书系·教育经典

我的教育信条

著　　者	杜　威
编　　译	罗德红　杨小微
策划编辑	李永梅
审读编辑	齐凤楠
封面设计	奇文云海·设计顾问
出版发行	华东师范大学出版社
社　　址	上海市中山北路3663号　邮编　200062
网　　址	www.ecnupress.com.cn
电　　话	021-60821666　行政传真　021-62572105
客服电话	021-62865537
邮购电话	021-62869887
地　　址	上海市中山北路3663号华东师范大学校内先锋路口
网　　店	http://hdsdcbs.tmall.com
印 刷 者	北京密兴印刷有限公司
开　　本	700×1000　16开
插　　页	1
印　　张	15
字　　数	150千字
版　　次	2015年4月第一版
印　　次	2022年9月第十四次
印　　数	42 101—46 100
书　　号	ISBN 978-7-5675-3041-6/G·7910
定　　价	35.00元
出 版 人	王　焰

（如发现本版图书有印订质量问题，请寄回本社市场部调换或电话021-62865537联系）